汽车维修专业技能人才培养工学一体化课程教材

汽车电气与空调故障诊断与排除

沐俊杰　郭　锐/主　编
邓　英　唐新胜/副主编
文爱民/主　审

人民交通出版社

北　京

内 容 提 要

本书是汽车维修专业技能人才培养工学一体化课程教材。主要内容包括汽车灯光不亮故障诊断与排除、汽车防盗系统工作异常故障诊断与排除、汽车视听系统工作异常故障诊断与排除、汽车空调制冷不良故障诊断与排除。

本书可作为技工院校汽车维修专业教材,也可供汽车维修人员及相关技术人员参考使用。

本教材配套数字资源,读者可免费扫码观看和在线学习;同时配有教学课件,教师可通过加入汽车技工教学研讨群(QQ:428147406)获取。

图书在版编目(CIP)数据

汽车电气与空调故障诊断与排除/沐俊杰,郭锐主编.—北京:人民交通出版社股份有限公司,2024.8.
ISBN 978-7-114-19585-3
Ⅰ.U472.41
中国国家版本馆 CIP 数据核字第 2024RN0117 号

书　　名:**汽车电气与空调故障诊断与排除**
著 作 者:沐俊杰　郭　锐
责任编辑:李佳蔚
责任校对:赵媛媛
责任印制:刘高彤
出版发行:人民交通出版社
地　　址:(100011)北京市朝阳区安定门外外馆斜街 3 号
网　　址:http://www.ccpcl.com.cn
销售电话:(010)59757973
总 经 销:人民交通出版社发行部
经　　销:各地新华书店
印　　刷:北京市密东印刷有限公司
开　　本:787×1092　1/16
印　　张:15.5
字　　数:330 千
版　　次:2024 年 8 月　第 1 版
印　　次:2024 年 8 月　第 1 次印刷
书　　号:ISBN 978-7-114-19585-3
定　　价:45.00 元

(有印刷、装订质量问题的图书,由本社负责调换)

编审委员会名单

主 任 委 员 文爱民
副主任委员 戴良鸿　沐俊杰　魏垂浩
委　　　员（按照姓氏笔画排序）

广禹春　王玉彪　王　杰　王　瑜　王　雷
毛红孙　朱建勇　刘　卯　刘　宇　刘轩帆
刘　健　刘爱志　刘海峰　汤　彬　许云珍
杨雪茹　李长灏　李永富　李学友　李　轶
肖应刚　吴　飞　张　薇　陈志强　陈李军
陈金伟　陈新权　孟　磊　郝庆民　姚秀驰
夏宝山　晏和坤　高窦平　郭志勇　郭　锐
郭碧宝　唐启贵　黄　华　黄辉镀　彭红梅
彭钰超　解国林　樊永强　樊海林

前言
Preface

　　为进一步贯彻落实《关于深化技工院校改革 大力发展技工教育的意见》和《技工教育"十四五"规划》《推进技工院校工学一体化技能人才培养模式实施方案》等文件精神，对接汽车产业发展新趋势，满足汽车领域高质量发展对高素质技术技能人才的需求，人民交通出版社特组织江苏汽车技师学院、广西交通技师学院、贵州交通技师学院、杭州技师学院、浙江交通技师学院、江苏省交通技师学院、广西工业技师学院、北京汽车技师学院、日照技师学院等20余所院校，共同编写了技工院校汽车维修专业工学一体化课程教材。

　　工学一体化培养模式是依据国家职业技能标准及技能人才培养标准，以综合职业能力培养为目标，将工作过程和学习过程融为一体，培育德技并修、技艺精湛的技能劳动者和能工巧匠的人才培养方式。本套教材秉承上述理念，落实《技工院校教材管理工作实施细则》，遵循知识和技能并重的改革方向，根据技工教育的特点以及技工院校学生的学习情况进行编写，具有以下特点：

　　(1)教材编写依据人社部最新发布的《汽车维修专业 国家技能人才培养工学一体化课程标准》，贯彻以学生为中心、以能力为本位的教学理念，构建难度适当的理论知识体系，以学生的实操内容及职业素养培养为核心，围绕典型学习任务设计教材任务、活动，突出知识的实用性、综合性和先进性。教材按照四步法"明确任务、工作准备与计划制订、计划实施、评价反馈"编写而成，充分实现思想政治教育、知识传授、技能培养融合统一，持续推动技工院校内涵发展和特色发展。

　　(2)在教材编写过程中，充分吸纳行业、企业专家，深入了解目前行业、企业对本专业人才的实际需求，由相关企业提供部分配套的教学资源和技术支持，行业企业人员真正深度参与教材编写与开发。进一步提高技能人才培养质量，帮助学生从学校学习到就业工作紧密衔接。

(3)部分教材配备了丰富的教学资源(纸数融合),教材的知识点以二维码方式链接动画、视频资源,所有教材配有课件、习题及答案等,满足学生个性化学习的需求,提升教材使用体验感。

(4)在教材中融入了丰富的课程思政元素及党的二十大精神内容,增强民族自信,体现"培根铸魂,启智润心"的教育目标,实现思想政治教育与技术技能培养的有机结合。

本书是汽车维修专业技能人才培养工学一体化课程教材之一,围绕汽车电气和空调系统编写。以上汽通用、上汽大众主流车型为主,并结合其他品牌的车型,讲解汽车电气与空调系统故障的诊断与排除。选取的车型考虑了大多数技工院校的实训车辆配置情况,使课程更贴近实际操作,有利于工学一体化教学的开展。本书分为汽车灯光不亮故障诊断与排除、汽车防盗系统工作异常故障诊断与排除、汽车视听系统工作异常故障诊断与排除、汽车空调制冷不良故障诊断与排除四个学习任务。本书配有相关视频,以二维码的形式附在书中,方便授课老师及学生参考。

本书由杭州技师学院沐俊杰、郭锐担任主编,由贵州交通技师学院邓英、杭州技师学院唐新胜担任副主编,参编人员有杭州技师学院李芳丞、何浩、周张法和贵州交通技师学院班显臣、张鑫。书中共有四个学习任务,其中学习任务一由唐新胜、李芳丞共同编写;学习任务二由郭锐、何浩共同编写;学习任务三由沐俊杰、周张法共同编写;学习任务四由邓英、班显臣、张鑫共同编写。沐俊杰、郭锐对全书进行了统稿。

限于编者水平,书中难免有疏漏和错误之处,恳请广大读者提出宝贵建议,以便进一步修改完善。

编 者
2024年5月

目录 Contents

学习任务一　汽车灯光不亮故障诊断与排除 ··· 1
　学习活动1　汽车前照灯不亮故障诊断与排除 ·· 2
　学习活动2　汽车转向灯不亮故障诊断与排除 ······································· 46
　学习活动3　汽车雾灯工作不良故障诊断与排除 ····································· 74
　任务习题 ··· 91

学习任务二　汽车防盗系统工作异常故障诊断与排除 ······························· 95
　学习活动1　车辆防盗警报系统失灵故障诊断与排除 ·································· 96
　学习活动2　车辆无钥匙进入系统失效故障诊断与排除 ······························· 113
　学习活动3　汽车发动机防盗指示灯点亮故障诊断与排除 ····························· 132
　任务习题 ·· 143

学习任务三　汽车视听系统工作异常故障诊断与排除 ······························ 147
　学习活动1　汽车视听系统无声音故障诊断与排除 ···································· 148
　学习活动2　汽车导航系统信号弱故障诊断与排除 ···································· 176
　任务习题 ·· 184

学习任务四　汽车空调制冷不良故障诊断与排除 ·································· 187
　学习活动1　汽车手动空调制冷不良故障诊断与排除 ·································· 188
　学习活动2　汽车自动空调制冷不良故障诊断与排除 ·································· 211
　任务习题 ·· 236

参考文献 ·· 239

学习任务一
汽车灯光不亮故障诊断与排除

学习目标

1. 知识目标

(1) 能描述汽车前照灯、转向灯、雾灯的作用、类型及结构。

(2) 能说出汽车前照灯、转向灯、雾灯电路的组成、工作原理。

(3) 能说出汽车前照灯、转向灯、雾灯不亮的常见故障与故障原因。

(4) 能说出汽车前照灯、转向灯、雾灯的故障问诊项目和内容。

(5) 能说出汽车前照灯、转向灯、雾灯故障诊断与排除的注意事项。

(6) 能说出汽车前照灯、转向灯、雾灯外观与基本检查的内容及运行性能相关标准。

(7) 能说出汽车灯光故障诊断与排除所需工具的类型、作用及使用方法。

2. 技能目标

(1) 能按照维修接待工作规范和专业问诊法与客户进行有效沟通,获取有效信息,结合所学知识和经验,采用故障再现方法,确认汽车灯光不亮等故障现象,明确工作任务和技术要求。

(2) 能按照故障诊断技术规范标准,参照维修手册、维修资料和前期获取的相关信息,通过故障树、鱼骨图等方法,综合分析故障原因。

(3) 能正确制订故障诊断方案。

(4) 能根据故障诊断方案,正确使用检测设备仪器,通过数据分析处理、零部件替换等方式方法,在规定的时间内完成汽车灯光系统故障维修。

(5) 能根据客户确认的修复方案,正确选择配件和耗材,正确使用工具及设备,实施维修作业。

(6) 能根据汽车灯光相关性能要求,按行业检验标准对维修作业质量进行自检,在维修工单上填写自检结果、检修建议等信息并签字确认后,交付班组长检验。

(7) 能展示故障诊断的技术要点,总结工作经验,分析不足,提出改进措施。

3. 素养目标

(1) 能同资料管理员、工具管理员、配件管理员、班组长和车间主管等相关人员进行有效沟通,做好作业前的准备。

(2) 能从汽车维修质量、经济性、客户需求等角度制订修复方案。

（3）在故障诊断过程能保持严谨理性工作作风，尊重事实和证据，有实证意识和严谨的求知态度。

（4）能在维修作业中具有精益求精的质量管控意识。

（5）能在学习过程中培养较强的协调沟通和解决问题等的通用能力，以及艰苦奋斗和勇于创新的劳模精神、热爱劳动和辛勤劳动的劳动精神、精益求精的工匠精神。

（6）能对维修场地设备进行日常维护，遵循"8S"管理规定。

（7）能规范进行垃圾分类处理，废弃物循环利用，培养绿色环保、节能降碳的环保意识。

参考学时

60学时。

任务描述

一辆汽车进厂维修，客户反映车辆灯光不亮，需要对其进行检修。

学习活动1　汽车前照灯不亮故障诊断与排除

一、明确任务

根据任务描述，车主反映故障车辆在使用中左右两侧前照灯均不亮，需要你对故障车辆前照灯主要部件进行检查与更换，使其恢复正常使用性能。

二、工作准备与计划制订

（一）知识准备

1. 前照灯作用

前照灯安装于汽车头部两侧，用于提供夜间或低能见度条件下的道路照明。前照灯包含_____和_____，发光颜色为白色或黄色，(前照灯发光颜色不同的原因是光源_____不同)。根据《机动车运行安全技术条件》(GB 7258—2017)前照灯基本要求，机动车装备的前照灯应有远、近光变换功能，所有前照灯的近光均不应眩目。

前照灯作用

2. 前照灯的结构

前照灯一般由反射镜、配光镜和光源(灯泡)三部分组成。

前照灯组成

1）反射镜

汽车前照灯多采用一体式结构，前照灯的反射镜一般使用热固性塑料制成。反射镜的表面形状呈_____或_____，如图 1-1 所示。其内表面镀银、铝或镀铬，然后抛光。由于镀铝的反射系数可以达到 94% 以上，机械强度也较好，故一般采用真空镀铝。

图 1-1　前照灯反射镜

反射镜的作用是将灯泡的光线聚合并导向前方。如图 1-2 所示，灯丝位于焦点 F 上，灯丝的绝大部分光线经反射镜反射后变成平行光束射向远方，使光度增强几百倍，甚至上千倍，达 20000～40000cd 以上，从而使车前 150m，甚至 400m 内的路面照得足够清楚。

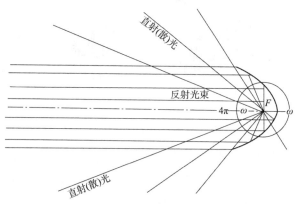

图 1-2　反射镜的作用

2）配光镜

配光镜又称_____，它是用透光玻璃压制而成，是很多块特殊的棱镜和透镜的组合，其几何形状比较复杂，外形一般为圆形和矩形，如图 1-3 所示。配光镜作用是将反光镜反射后的光束向所需要的方向_____，以达到希望的配光效果。在配光镜上的各棱镜是一个一个计算出来的聚光镜单元，通过它们的组合设计最终得到所要求的照度值和光形。过去前照灯配光镜都是用高纯度的无机玻璃制成，现在已大量采用 PC 材质制成。现代汽车亦不再使用配光镜。

3）光源

汽车前照灯常用的光源有_____、_____、_____、_____。如图 1-4 所示。

（1）白炽灯泡。

白炽灯泡灯丝用_____制成。但由于钨丝受热后会蒸发，将缩短灯泡的使用寿命。因此,在制造时,要先从玻璃泡内抽出空气,然后充以约86%的氩和约14%的氮的混合惰性气体。在充气灯泡内,由于惰性气体受热后膨胀会产生较大的压力,可减少钨的蒸发,故能提高灯丝的温度,增强发光效率,从而延长灯泡的使用寿命。

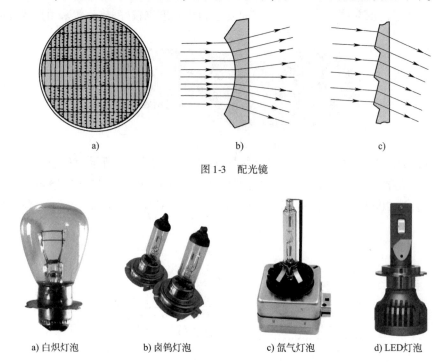

图1-3 配光镜

a) 白炽灯泡　　b) 卤钨灯泡　　c) 氙气灯泡　　d) LED灯泡

图1-4 前照灯灯泡类型

为了缩小灯丝的尺寸,常把灯丝制成紧密的_____形状,这对聚合平行光束是有利的,白炽灯泡的结构如图1-4a)所示。虽然白炽灯泡的灯丝周围抽成真空并充满了惰性气体,但是灯丝的钨仍然要蒸发,使灯丝损耗。而蒸发出来的钨沉积在灯泡上,将使灯泡发黑,这种现象被称为_____现象,现在普通白炽灯泡已经不再作为前照灯光源使用。

(2)卤钨灯泡。

近年来,汽车前照灯主要使用的光源是_____(即在灯泡内所充惰性气体中渗入某种卤族元素),其结构如图1-4b)所示,卤族元素(简称卤素)是指碘、溴、氯、氟等元素。

卤钨灯泡是利用卤钨_____的原理制成的。卤钨再生循环的基本作用过程是:从灯丝上蒸发出来的气态钨与卤素反应生成了一种挥发性的卤化钨,它扩散到灯丝附近的高温区又受热分解,使钨重新回到灯丝上,被释放出来的卤素继续扩散参与下一次循环反应,如此周而复始地循环下去,从而防止了钨的蒸发和灯泡的黑化现象。

卤钨灯泡尺寸小,泡壳采用耐高温、机械强度较高的石英玻璃或硬玻璃制成,所以充入的惰性气体压力较高,且因工作温度高,灯内的工作气压将比其他灯泡高很多,故钨的蒸发也受到更为有力的抑制。因为卤素灯发光强度高，使用寿命长，目前在汽车前照灯灯泡中使用较多。

前照灯卤钨灯泡常用的接口形式包括 H1、H4、H7 等。功率为 55W。如图 1-5 所示。

a) H1灯泡　　　　b) H4灯泡　　　　c) H7灯泡

图 1-5　前照灯灯泡接口形式

H1 接口为_____触点，负极靠灯座搭铁连接，内部只有一根灯丝。H1 一般用作远光灯，光线较为集中，亮度较大，可以提高视线，扩大观察视野。

H4 接口为_____触点，底座有两个卡齿，近光和远光都在一个灯泡内，可兼作两种用途。它的特点是有三个插座引脚、内部有两根灯丝，一个灯泡就可以完成远近两种光源的转换。

H7 接口为_____触点，底座有一个卡齿，一般用作近光灯，优点是照射范围大，照射距离短，但对路面静止不动的暗色调物体，则不易察觉。有两个插座引脚，内部有一根灯丝。

(3) 高压气体放电灯泡。

高压气体放电灯，(HID, High Intensity Discharge Lamp) 又称氙气灯泡。氙气灯泡的原理是在抗紫外线水晶石英玻璃管内，以多种化学气体充填，其中大部分为氙气与碘化物等惰性气体，然后再透过增压器将车上_____V 的直流电瞬间增压至_____V 的电压，经过高压振幅激发石英管内的氙气电子游离，在两电极之间产生光源，这就是所谓的_____，由氙气所产生的白色超强电弧光，类似白昼的太阳光芒。HID 工作时所需的电流量仅为 3.5A，亮度是传统卤素灯泡的 3 倍，使用寿命比传统卤素灯泡长 10 倍，如图 1-6 所示。

氙气灯泡的缺点在于启动有_____效应，点亮氙气灯泡需要 2~4s 的时长。因此，许多四灯制的前照灯近光采用氙气灯泡，近光灯设置有遮光板，具有_____功能，而远光则依然采用卤素灯泡，这样设置的前照灯开启时具有两只近光灯或四只远光灯功能。氙气灯泡的不足之处还有穿透力太差，在大雾以及冰雪天气，氙气前照灯的穿透力非常弱，需要配合卤素灯提供照明。

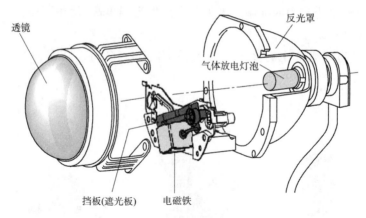

图1-6 氙气前照灯结构

（4）LED灯泡。

LED灯泡一般指_____，简称为LED，是一种常用的发光器件，通过电子与空穴复合释放能量发光，如图1-7所示。

图1-7 LED灯泡

LED灯的亮度明显高于卤素灯。LED灯由_____材料制成，其发光强度高于卤素灯。此外，LED灯的能耗较低，仅为卤素灯的20%左右。因此，在夜间或低光照条件下，LED灯能够提供更清晰、更明亮的光线，提高驾驶安全性。不过，卤素前照灯的光线也有其特性，在能见度比较低的情况下，可以提供更好的穿透力，相对LED灯具有更高的辨识度。

卤素前照灯的色温主要集中在2000K～4000K之间，而LED灯的色温范围则非常广，可以在2000K～8000K之间。卤素前照灯的光色偏黄，LED灯的光色偏白。黄光在雨天、雾天穿透力强，而白光在晴天、雪天穿透力强。因此，根据不同的天气条件选择不同的车灯，可以提高车辆的照明效果。

3. 前照灯的防眩目措施

前照灯的灯泡功率足够大而光学系统设计得又十分合理时，可明亮而均匀地照明车前 150m 甚至 400m 以内的路面。但是前照灯射出的强光会使迎面来车驾驶人眩目。所谓"眩目"是指人的眼睛突然被强光照射时,由于视神经受刺激而失去对眼睛的控制,本能地闭上眼睛,或只能看到亮光而看不见暗处物体的生理现象。这种状态下很容易发生交通事故。

为了避免前照灯眩目,保证汽车夜间行车安全,前照灯采用的防眩目措施有以下几种。

1) 双丝灯泡

许多汽车上采用具有_____的前照灯,其中一个为近光,另一个为远光。远光灯丝的功率较大,位于反射抛物面的焦点处,而近光灯的灯丝功率相对较小,位于反射镜焦点的上方(前方),有遮光罩,如图 1-8 所示。在夜间行车时,若有迎面来车,使用近光灯丝,使光束倾向路面,从而避免迎面车辆驾驶人眩目,并使车前 50m 范围内的路面光照清楚。当无迎面车时,则使用远光,使前照灯光束射向远方,便于提高车速。

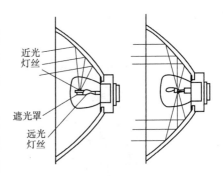

图 1-8 具有配光屏的双丝灯泡

2) 非对称形配光

为了达到既能防止眩目,又能以较高车速会车的目的,许多前照灯采用不对称光形。其中一种是 E 形非对称形配光,将近光灯右侧亮区倾斜升高 15°,即将本车行进方向光束照射距离延长;另一种采用 Z 形非对称形,该光形能使本车行进方向亮区平行升高,光形效果更加优越,如图 1-9 所示。

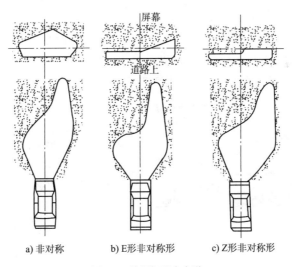

a) 非对称　　b) E形非对称形　　c) Z形非对称形

图 1-9 前照灯配光光形

3) 自适应前照灯

自适应前照灯系统(AFS, Adaptive Front-lighting System),是使前照灯近光灯光轴

在_____与转向盘转角联动进行左右转动,在_____与车高联动进行上下摆动的灯光随动系统。

AFS系统可以根据_____、_____而自动调整近光灯转向角度,扩大车辆转弯时有效照明范围。自动水平调节功能可确保无论承载情况如何,灯光始终照向前方地面。特别是夜间行驶时,装备自适应照明系统的汽车可让驾驶人在转弯时拥有良好的视野。感应器将监控车速和前轮转向角度,预判车辆的行驶轨迹,使前照灯依据转弯角度进行不同程度的旋转。而在车辆驶入弯道时,车灯会紧随前方道路走向变化,如图1-10所示。

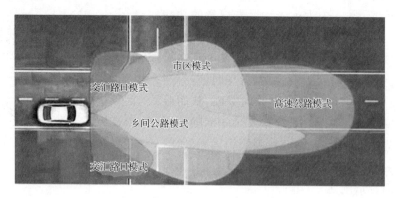

图1-10　AFS灯光模式

AFS系统有助于缓解夜间行车疲劳并提高夜间行驶安全性,特别有助于夜间在陌生的道路行驶。

4．前照灯的分类

1）按照配置数量分类

前照灯可分为_____和_____。对于双灯制配置方式,其左右各有一只前照灯,其中灯泡内灯丝为双灯丝(近光与远光);对于四灯制配置方式,则其左右各有两只前照灯,外侧两只为双灯丝(近光与远光),内侧两只为单灯丝(远光),如图1-11、图1-12所示。

图1-11　双灯制前照灯　　　　　　图1-12　四灯制前照灯

2）按照结构分类

前照灯可分为_____和_____(又称真空灯),如图1-13所示。半封闭式前照灯将配光镜和反射镜组成一体,灯泡可从反射镜后部装入,其优点是灯泡烧坏后可以更换,通用性好。全封闭式前照灯的反射镜和配光镜熔合为一体,形成灯泡,里面充以惰性气体或卤素气体,灯丝焊在反射镜底座上,反射镜的反射面采用真空镀铝,这种结构的前照灯优点在于可完全避免反射镜被污染和受大气的影响,其缺点是当灯丝烧坏后,需要更换整个总成。

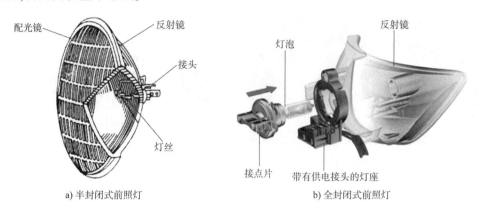

a) 半封闭式前照灯　　　　b) 全封闭式前照灯

图 1-13　前照灯类型

3）按照光源分类

前照灯根据前照灯灯泡使用的光源不同,可分为_____、_____、_____、_____,如图 1-14 所示。

a) 卤素前照灯　　　　b) 氙气前照灯

c) LED前照灯　　　　d) 激光二极管前照灯

图 1-14　前照灯类型

4）按照前照灯内部结构分类

前照灯可分为_____和_____。投射式前照灯配备了一个凸透镜,相比普通前照灯,在灯泡的前方增加了一套透镜系统,比普通前照灯的亮度更高,可以让光照更加集中且亮度均匀,如图1-15所示。反射式前照灯是利用前照灯_____将灯泡光线反射出去,所以光线比较发散,灯光亮度较低,如图1-16所示。

图1-15 投射式前照灯　　　　　图1-16 反射式前照灯

5.前照灯控制电路组成

前照灯控制电路通常由_____、_____、_____、_____、_____、_____、_____、_____等部件组成。

1）灯光开关

前照灯的灯光开关常用类型有_____、_____和_____等。

（1）旋钮式灯光开关。

操作时将开关旋转至对应前照灯近光标记位置,便可接通近光灯,如图1-17所示。变换远光时需要使用转向盘下方的组合开关操作。

（2）组合式灯光开关。

操作时需将灯光开关头部位置旋转到对应的近光灯标记位置,便可接通近光灯,切换远光灯时需要组合开关整体向下压,向上提时也是接通远光灯,如图1-18所示。

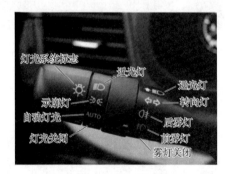

图1-17 旋钮式灯开关　　　　　图1-18 组合式灯开关

（3）触摸式灯光开关。

操作时按压相应功能按键即可打开,如图1-19所示。"近光灯""自动模式""示廓灯"三个字符只有功能照明,不具有触摸功能,触摸"MODE"按键以进行切换。"全天候灯""后雾灯"字符有触摸功能,轻触以开启或关闭。

2)前照灯继电器

前照灯工作电流大,特别是四灯制的汽车,若用车灯开关直接控制前照灯,车灯开关易损坏,因此在灯光电路中设有灯光继电器。继电器的控制原理是用灯光开关控制＿＿＿＿,而继电器触点控制＿＿＿＿。

图 1-19　触摸式灯开关

前照灯继电器 SW 端子接＿＿＿＿,E 端子＿＿＿＿,B 端子接＿＿＿＿,L 端子接＿＿＿＿。当接通灯光开关(前照灯位置),继电器线圈通电,触点闭合,通过变光开关向前照灯供电,如图 1-20 所示。

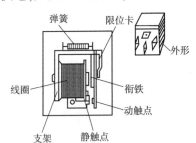 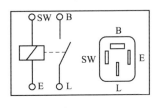

图 1-20　前照灯继电器

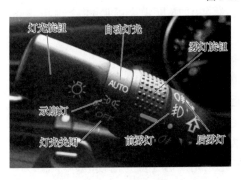

图 1-21　变光开关

3)变光开关

汽车装备有变光开关,用于控制＿＿＿＿和＿＿＿＿的切换,变光开关位于转向盘下侧,和转向灯开关共用一个组合开关,操作时开启方向不同,如图 1-21 所示。

变光开关的使用是在点亮前照灯近光的基础上,用左手拇指挂在转向盘上,其他四个手指并拢用手背将灯光开关的手柄向前推一挡。此时,车头的两个远光灯、两个近光灯、两个白色小灯、车尾两个红色小灯、牌照灯以及车内仪表灯,这些灯同时点亮。此时,仪表盘上会出现一个蓝色指示灯,提示驾车人目前正在使用远光灯。

关闭远光灯时还是用左手拇指挂在转向盘上,其他四个手指向后(转向盘一侧)勾一下灯光开关的手柄,远光灯即关闭。另外,在使用前照灯近光灯的状态下,向后(转向盘一侧)勾住灯光开关手柄也可以点亮远光灯。但是,无法将灯光开关锁定在远光位置,一旦松开手指灯光开关便会自动恢复到前照灯近光灯位置。这一功能适用于前照灯远、近灯光的快速切换、闪烁,作为灯光语言、信号来使用。

4)远近光指示灯

在汽车前照灯开启远光或近光时,仪表上会显示不同的灯光符号,如图所示,开启

图1-22 仪表上的远近光指示灯

近光时,仪表上点亮绿色指示灯,远光开启时,仪表上点亮蓝色指示灯,如图1-22所示。

5)车身模块BCM(Body Control Module)采用模块控制的前照灯控制系统,常采用_____控制前照灯的点亮、熄灭以及应急功能。

6. 前照灯检测与调整

1)汽车前照灯检测的作用

前照灯是汽车在夜间或在能见度较低的条件下,为驾驶人提供行车道路照明的重要设备,而且也是驾驶人发出警示,进行联络的灯光信号装置,所以前照灯必须有足够的发光强度和正确的照射方向。由于在行车过程中,汽车受到振动,可能引起前照灯部件的安装位置发生变动,从而改变光束的正确照射方向,同时,灯泡在使用过程中会逐步老化,反射镜也会因受到污染而使其聚光的性能变差,导致前照灯的亮度不足。这些变化,都会造成驾驶人对前方道路情况辨认不清,或在与对面来车交会时造成对方驾驶人眩目等情况,从而导致事故的发生。因此,前照灯的_____和_____被列为机动车运行安全检测的必检项目。

2)前照灯安全检测的要求

根据《机动车运行安全技术条件》(GB 7258—2017)规定。前照灯检测指标是_____值和_____。

(1)前照灯光束照射位置要求。

在空载车状态下,汽车、摩托车前照灯近光光束照射在距离10m的屏幕上,近光光束明暗截止线转角或中点的垂直方向位置,对近光光束透光面中心(基准中心,下同)高度不大于1000mm的机动车,应不高于近光光束透光面中心所在水平面以下50mm的直线,且不低于近光光束透光面中心所在水平面以下300mm的直线;对近光光束透光面中心高度大于1000mm的机动车,应不高于近光光束透光面中心所在水平面以下100mm的直线,且不低于近光光束透光面中心所在水平面以下350mm的直线。除装用一只前照灯的三轮汽车和摩托车外,前照灯近光光束明暗截止线转角或中点的水平方向位置,与近光光束透光面中心所在处置面相比,向左偏移应不大于170mm,向右偏移应不大于350mm。

在空载车状态下,对于能单独调整远光光束的汽车、摩托车前照灯,前照灯远光光束照射在距离10m的屏幕上,其发光强度最大点的垂直方向位置,应不高于远光光束透光面中心所在水平面(高度值为H)以上100mm的直线,且不低于远光光束透光面中心所在水平面以下0.2H的直线。除装用一只前照灯的三轮汽车和摩托车外,前照灯远光发光强度最大点的水平位置,与远光光束透光面中心所在垂直面相比,左灯向左偏移应不大于170mm且向右偏移应不大于350mm,右灯向左和向右偏移均应不大于350mm。

(2) 前照灯发光强度要求。

发光强度是表示_____的物理量，单位是_____。机动车每只前照灯的远光光束发光强度应达到表1-1的要求；并且，在同时打开所有前照灯（远光）时，其总的远光光束发光强度应符合《汽车及挂车外部照明和光信号装置的安装规定》(GB 4785—2019)的规定。测试时，电源系统应处于满电状态。

前照灯远光光束发光强度最小值要求（单位：坎德） 表1-1

机动车类型		检查项目					
		新注册车			在用车		
		一灯制	二灯制	四灯制[a]	一灯制	二灯制	四灯制[a]
三轮汽车		8000	6000	—	6000	5000	—
最大设计车速小于70km/h 的汽车		—	10000	8000	—	8000	6000
其他汽车		—	18000	15000	—	15000	12000
普通摩托车		10000	8000	—	8000	6000	—
轻便摩托车		4000	3000	—	3000	2500	—
拖拉机运输机组	标定功率>18kW	—	8000	—	—	6000	—
	标定功率≤18kW	6000[b]	6000	—	5000[b]	5000	—

注：a 四灯制是指前照灯具有四个远光光束；采用四灯制的机动车其中两只对称的灯达到两灯制的要求时视为合格。

　　b 允许手扶拖拉机运输机组只装用一只前照灯。

3) 前照灯检测方法

前照灯的检测方法一般有_____和_____。

(1) 屏幕检测法。

用屏幕法检测前照灯光束照射位置时，检查用场地应平整、屏幕与场地应平直、被检验的车辆应在空载、轮胎气压正常、乘坐1名驾驶人的条件下进行。将车辆停置于屏幕前，并与屏幕垂直，使前照灯基准中心距屏幕10m，在屏幕上确定与前照灯基准中心离地面距离H等高的水平基准线及以车辆纵向中心平面在屏幕上的投影线为基准确定的左右前照灯基准中心位置线。分别测量左右远近光束的水平或垂直照射方位的偏移值。

根据检测标准，检测调整前照灯光束的照射位置时，对远、近双光束灯应以检测调整近光光束为主。对于远光单光束前照灯，则要检测远光光束的照射位置。用屏幕法检测前照灯简单易行，但只能检测出光束的照射位置，不能检测发光强度。为适应不同车型的检测，需经常更换屏幕，检测效率低，同时，需要占用较大场地。因此，目前广泛采用前照灯校正仪对汽车前照灯进行检测，如图1-23所示。

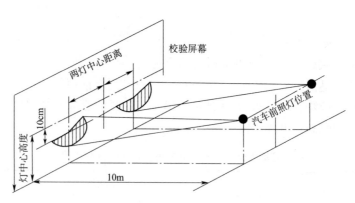

图 1-23　屏幕法检测汽车前照灯光束位置示意图

（2）用前照灯检测仪检验。

按照前照灯检测仪的结构特征与测量方法不同，常用汽车前照灯检测仪可分为_____、_____、_____和_____4种类型。

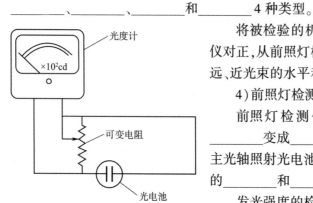

图 1-24　发光强度检测原理

将被检验的机动车按规定距离与前照灯检测仪对正，从前照灯检测仪的显示屏上分别测量左右远、近光束的水平和垂直照射方位的偏移值。

4）前照灯检测仪检测原理

前照灯检测仪，一般是采用具有把吸收的_____变成_____的光电池元件，按照前照灯主光轴照射光电池产生电流的比例，来测量前照灯的_____和_____。

发光强度的检测原理如图 1-24 所示，把光电池 3 与光度计 1 连接起来，以适当距离使前照灯照射光电池后，光电池根据前照灯发光强度的大小产生电流使光度计指针动作，从而指示出前照灯的_____。

光轴偏斜量的检测原理如图 1-25 所示，把光电池分为 S 上、S 下、S 左、S 右、四份，在 S 上和 S 下上接有上下偏斜指示计 3，在 S 左和 S 右上接有左右偏斜指示计 1，当光电池受到前照灯照射后，各分光电池分别产生电流，当 S 上和 S 下或 S 左和 S 右的受光量不等时产生的电流也不相等。根据其差值便可使上下偏斜指示计 3 或左右偏斜指示计 1 动作，从而可测出前照灯光轴的偏斜量。

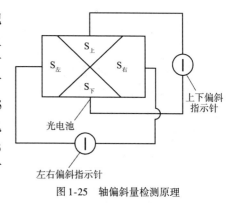

图 1-25　轴偏斜量检测原理

7. 前照灯控制原理

前照灯控制系统包含很多的功能，可分为远近光、高度自动调整、前照灯随动转向等,其中对于近光的控制又可分为常规的卤素灯、氙气前照灯与 LED 前照灯控制。前照灯控制功能的实现,一般由_____控制或模块直接控制,模块直接控制的灯光系统往往还带有灯光监控功能。

1)继电器控制灯光

继电器控制灯光是指最终由继电器输出控制_____工作的灯光控制系统。

(1)功能特点。

灯光控制系统采用继电器的目的是小电流控制大负载。对于灯光继电器的控制,常用的主要有两种控制模式,分别是_____继电器线圈工作和_____继电器线圈工作。

①开关直接控制继电器线圈。

开关直接控制继电器的灯光控制系统分为_____与_____两种类型。

a. 开关控制继电器线圈搭铁。开关控制继电器搭铁的电路中,灯光继电器由电源供电,当开关闭合后,电流从蓄电池的正极流经灯光继电器 1 号端子、线圈与 2 号端子,经过开关搭铁。形成一个闭合回路,继电器吸合,灯泡点亮。控制原理如图 1-26 所示。

b. 开关控制继电器线圈电源。开关控制继电器电源的电路中,灯光继电器由电源供电,当开关闭合后,电流从蓄电池的正极流经开关、继电器 1 号端子、线圈 2 号端子搭铁。形成一个闭合回路,继电器吸合,灯泡点亮。控制原理如图 1-27 所示。

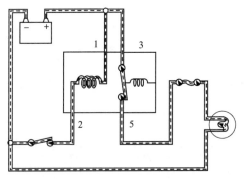

图 1-26 开关控制继电器线圈的搭铁

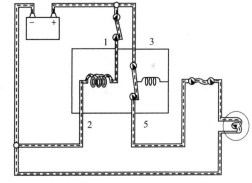

图 1-27 开关控制继电器线圈电源

②模块控制继电器线圈。

模块控制继电器是指继电器工作与否取决于控制模块。控制模块根据相关的输入请求信息或网络上其他模块的请求信息去控制继电器的工作。

如图 1-28 所示,继电器的工作取决于模块是否控制_____搭铁。控制模块往往根据相关的输入请求信号或网络其他模块的请求信号决定是否控制_____搭铁。

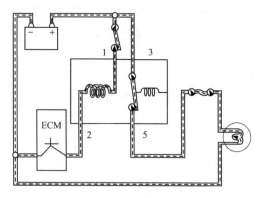

图 1-28 模块控制继电器

(2) 系统组成。

由开关直接控制继电器的电源或者搭铁的这种控制方式目前在新型汽车上使用得越来越少,模块控制继电器的控制方式是目前汽车灯光控制的主流形式。模块控制的灯光系统的组成包括_____、_____与_____。

①输入元件。

灯光控制系统的输入元件主要有灯光开关、变光开关、车身高度传感器、阳光强度传感器等。

灯光开关的主要功用是用来反映驾驶人对于灯光系统的操作意图。目前有两种不同类型的灯光开关,见表 1-2。

表 1-2 灯光开关信号类型

灯光开关类型	信息传递介质	信号区别
直接式	硬线	位置不同,相应信号线电压不同
间接式	LIN	位置不同,通信信息传递不同

a. 变光开关。变光开关用来传递驾驶人想要变换远近光的请求。目前汽车变光开关有以下几种信号传递方式,见表 1-3。

表 1-3 变光开关信号类型

序号	信号源	信号类型	信号接收模块
1	变光开关	搭铁信号	车身模块 BCM
2	变光开关	高电位信号	车身模块 BCM
3	变光开关→转向柱控制模块	CAN 网络信号	车身模块 BCM

b. 车身高度传感器。按照法律规定,配备气体放电光源前照灯(如氙气灯)的车辆必须安装自动前照灯水平系统。车身高度传感器用于_____,一般在车辆的前轴与后轴各有一个,如图 1-29 所示。

c. 前照灯高度传感器。用于监测前照灯的实际位置,通常集成在前照灯总成内部,根据车辆配置的不同有两种不同类型的高度传感器,卤素灯,通常为电位计信号;氙气灯,通过 LIN 传递信号,如图 1-30 所示。

图 1-29　车身高度传感器　　　　　图 1-30　前照灯高度传感器

d. 阳光强度传感器。灯光控制系统使用阳光强度传感器信号来进行自动灯光的控制。通过监测环境的阳光强度,判断是否需要开启灯光,如图 1-31 所示。

图 1-31　阳光强度传感器

② 控制模块。

前照灯近光、远光、自动前照灯、前照灯高度自动调整、前照灯随动转向等功能主要通过以下模块进行控制。

a. BCM(车身控制模块)。BCM 是灯光控制系统的主模块,根据相关的输入信号,控制着车辆的外部灯光功能,如图 1-32 所示。

b. 前照灯控制模块。前照灯控制模块的主要功用是根据车身高度传感器的信号、前照灯电机位置传感器所反馈的实际位置信号、车辆所处的工况去控制前照灯高度调整电机,使前照灯的高度处于一个合适的水平,如图 1-33 所示。

③ 执行元件。

灯光控制系统的执行元件主要有氙气灯、卤素灯泡、前照灯高度调整电机与前照灯随动转向调整电机。高度调整电机与随动转向调整电机一般都集成在前照灯总成中。

(3) 系统控制。

由模块控制近光和远光继电器线圈的搭铁。但部分车型灯光开关信号的类型略有不同。一部分车型的前照灯开关与变光开关都在搭铁侧；而另外一部分车型的前照灯开关在_____侧，变光开关在_____侧。

图 1-32　BCM 模块

图 1-33　前照灯控制模块

近光的控制以前照灯开关与变光开关都在搭铁侧的车型为例，当灯光开关闭合，给 BCM 一个_____V 高电位的信号，BCM 控制近光继电器线圈搭铁，近光继电器吸合，近光灯点亮，如图 1-34 所示。

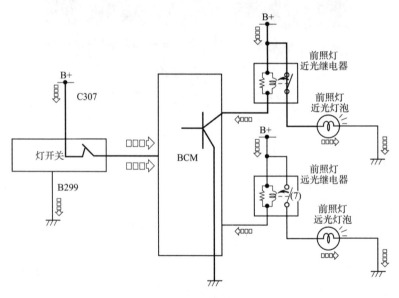

图 1-34　近光的控制

远光的控制以前照灯开关在电源侧，变光开关在搭铁侧的车型为例，当变光开关闭合开到_____位置，将由 BCM 过来的高电位信号搭铁，变为_____信号，BCM 收到此信号后，控制远光继电器线圈搭铁，远光继电器工作，远光灯点亮，如图 1-35 所示。

2）模块直接控制灯光系统

模块直接控制灯光系统是指由_____直接控制灯光的工作。老款的车辆是将相关的继电器做到了模块的内部进行控制,这种与继电器控制式区别不大;另外一种是通过模块内部的场效应管直接输出进行控制。

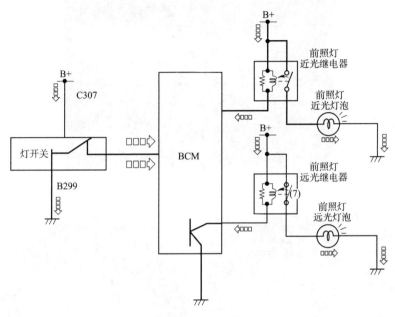

图 1-35　远光的控制

(1)功能特点。

由模块通过内部的_____进行直接控制具有如下优点:监控灯泡的工作是否正常;功率限制,如果车辆的电压大于设定值,则可对灯泡的亮度进行控制,提高灯泡的寿命;防止光强变化,当发动机的转速突然增加,可能会导致系统电压升高,灯泡光强变大;大功率用电设备的工作可能会导致系统电压下降,灯泡光强变小。

模块直接控制的日间行车灯、自动前照灯、自动远光、灯光高度、弯道控制的功能特点如下。

①日间行车灯。

日间行车灯是指使车辆在白天行驶时更容易被识别的灯具,装在车身前部。日间行车灯不是照明灯,不是为了使驾驶人能看清路面,而是为了告知其他车辆或行人有一辆车开过来了,属于信号灯。

如图 1-36 所示,一般的日间行车灯,采用了更高亮度的 LED 灯组,能大幅降低达35%的电力,可增加蓄电池的寿命,且 LED 的最长寿命可达 80000~100000h,几乎等同于车辆的使用年限。

②自动前照灯控制系统。

自动前照灯也叫自动感应式前照灯,相当于为前照灯安装了_____,控制模块根据_____来判断光线亮度变化,从而控制前照灯的_____。例如,从亮的地方突然进入隧道,前照灯会自动调节灯光亮度,点亮前路。如图 1-37 所示。

图 1-36　日间行车灯

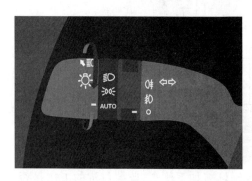

图 1-37　自动前照灯控制

自动前照灯可以使驾驶人在需要前照灯的时候免去找开关的过程,同时也可以避免驾驶在夜间或光线不好的时候忘记开前照灯,提高了行车安全。

③自动远光控制系统。

自动远光控制系统是指车辆的_____可以根据车辆的行驶条件进行自动地控制。在道路本身的照明情况不佳时,系统会在_____或对面无车驶来时打开远光灯,一旦对面或前方有车、道路本身的照明效果改善、车速降低,即远光灯不再有助于提高安全性时,系统将自动关闭远光灯,如图 1-38 所示。

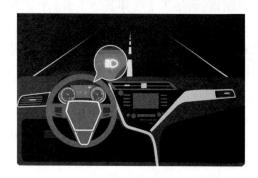

图 1-38　自动远光控制

④灯光高度控制系统。

汽车前照灯在车身负重、长时间振动、高低路况等影响下,会引起照射方向偏离标准方向的情况,高度调整系统的功能为调节前照灯的照射方向,将偏离方向恢复到标准方向,从而改善前照灯的照明效果。

目前灯光高度调整主要有_____和_____两种方式:手动方式主要由_____和_____组成,前照灯调节电机在前部车灯处,控制部分在驾驶室,靠驾驶人根据自己需要进行调节,如图 1-39 所示。

自动调节式由_____、_____和水平传感器组成,水平传感器分别安装在车身前后两端,主要检测汽车底盘到地面的高度,把高度差值以电信号的方式传送给控制器,控制器对比计算后去,控制前照灯调节电机,从而完成对前照灯的自动调节功能。

图 1-39　前照灯高度手动调节

⑤弯道灯光控制系统。

通常,汽车上安装的前照灯具有固定的照射范围,当夜间汽车在弯道上转弯时,由于无法调节照明角度,常常会在弯道内侧出现"盲区",极大地威胁了驾驶人夜间的安全驾车。

弯道灯光控制系统能够根据行车速度、转向角度等自动调节前照灯的偏转,以便能够提前照亮"未到达"的区域,提供全方位的安全照明,确保驾驶人在任何时刻都拥有最佳的可见度。高配车型车辆装配前照灯随动转向系统,低配车型车辆装配弯道辅助照明系统,如图 1-40 所示。

a) 低配车型

b) 高配车型

图 1-40　弯道灯光控制

(2) 系统控制。

①前照灯控制。

常规前照灯的控制主要包括:日间行车灯、_____、_____、_____、自动变光等功能。

日间行车灯(Daytime Running Light,DRL),DRL 系统利用大灯近光系统现有的电路和元件来实现功能。如图 1-41 所示。BCM 监控_____的状态,当前照灯开关处于_____,BCM 将激活 DRL 功能。

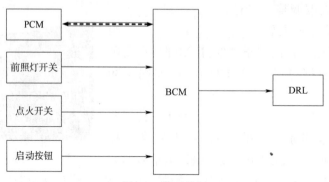

图 1-41　DRL 控制

自动前照灯的控制,自动前照灯控制系统是由_____自动控制的外部灯,当前照灯开到自动挡时,在外部光线变暗时会自动开启。并且具有"伴我回家"功能,即在点火开关关闭后,仍能使外部灯点亮 20～180s(20s 是出厂默认设置),预选时间可通过信息中心设置,如图 1-42 所示。

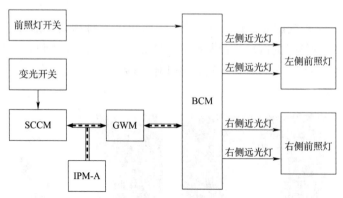

图 1-42　自动前照灯控制

自动变光控制,自动远光灯系统在车速高于_____km/h 时介入工作,通过安装在风窗玻璃上的摄像头检测道路交通状态和远光灯的使用情况。该功能只有在灯光开关打到_____挡时才会启用,如图 1-43 所示。

在夜间行车过程中,如果天色较暗且没有检测到其他车辆,系统将自动打开远光灯。如果检测到迎面而来车的前照灯已经打开或者前方同向车辆尾灯已打开,系统将自动关闭远光灯。如果检测到迎面来车的前照灯已经关闭或者前方同向车辆尾灯已关闭,系统又将自动打开远光灯。

②前照灯的高度控制。

当点火开关转至 ON 后,该系统将按照汽车的满载状态自动地进行调整,以避免对向来车受到强光直射。在发生动态的过程中(如制动、加速、刚开始行驶时)其照射范围将不会进行调整。位于前、后轴上的_____会根据悬架的压缩量,将电压信号传送至前照灯_____。控制模块将依据两组信号之间的差异,计算出汽车的_____,并将所需位置传送至前照灯总成内的控制模块。两模块将会比较现行的反射镜位置与所需的反射镜位置,进而产生对前照灯调平电动机的控制信号,如图1-44所示。

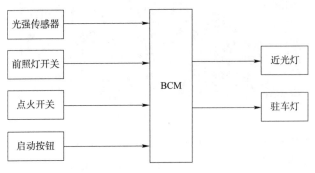

图1-43 自动变光控制

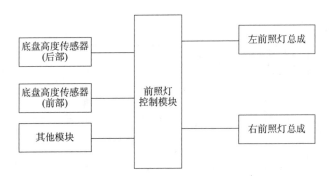

图1-44 前照灯高度控制

当打开近光灯时,系统将会比较原先的调整与实际的状况,这将可防止路面照明度降低,并且避免对向来车受到强光直射。同时HCM还会通过HS-CAN从网络上的其他模块获取车速等车辆的信息,去调整灯光的高度。

3)灯光监控控制

(1)功能特点。

由模块通过场效应管控制的灯光,通常具有近光监控功能。灯光监控主要是控制模块通过监测_____来判断灯泡的好坏。

需要注意的是监控功能不会对发光二极管(LED)和氙气前照灯的灯泡进行监控。原因是发光二极管(LED)的反应太快无法监控,而氙气灯泡不允许使用占空比信号进行驱动。

当模块监测到_____故障或与其失去联系时将自动打开前照灯和停车灯;当模块监测到输出电流过大时,也将禁用相关输出线路。

灯光监控可以通过场效应管的输出状态检查一个接通灯泡的额定电流。通常在 2s 之内即可识别出损坏的灯泡。所以当灯泡损坏或灯泡的_____不对时,控制模块都将会认为是灯泡出现故障,如图 1-45 所示。

图 1-45　灯光监控功能特点

当灯泡处于工作状态时,灯泡的功率决定了消耗的电流大小。控制模块监测输出的_____与其模块内部所存储的该灯泡的_____是否匹配来判断灯泡是否出现故障,如图 1-46 所示。

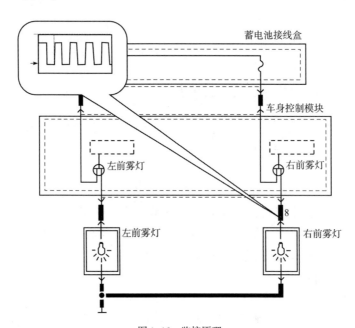

图 1-46　监控原理

(2) 监控原理。

灯泡的监控是控制模块通过监控输出_____来判断灯泡的工作情况。

8. 前照灯控制电路分析

以别克威朗前照灯控制电路为例,分析其控制原理如下,威朗前照灯控制电路如图 1-47、图 1-48 所示。

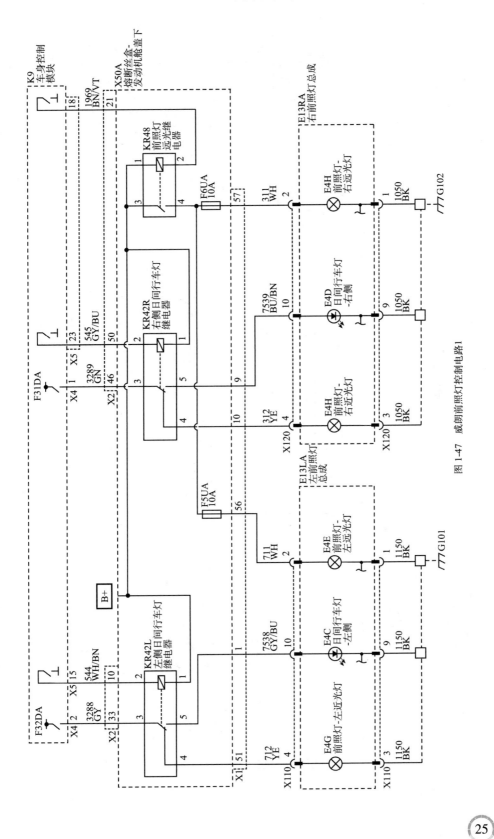

图 1-47 威朗前照灯控制电路1

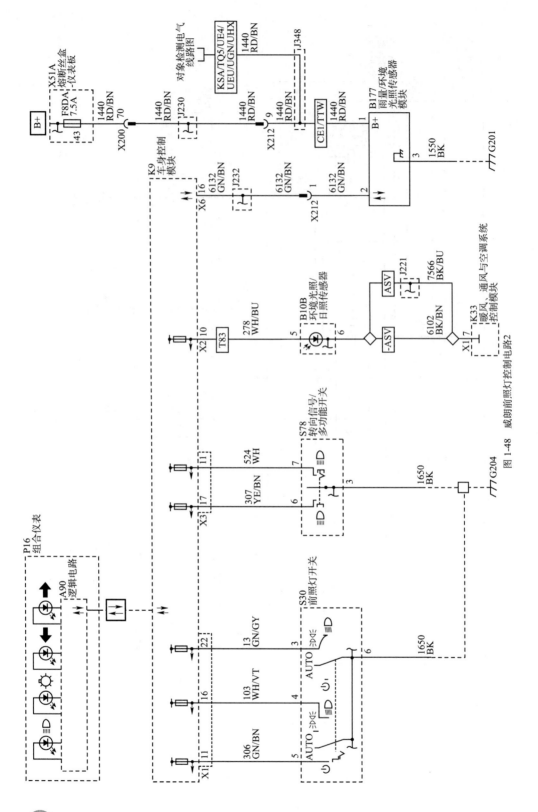

图1-48 威朗前照灯控制电路2

1)前照灯近光控制

车身控制模块(BCM)监测前照灯开关的三个信号电路。将前照灯开关置于"AUTO(自动)"位置时,所有三个信号电路开路。置于"AUTO(自动)"位置时,车身控制模块监视来自环境光照传感器的输入,以便根据车外照明状况判定是否需要前照灯或者是否将激活日间行车灯。当前照灯开关置于"OFF(关闭)"位置时,前照灯开关前照灯熄灭信号电路搭铁,向车身控制模块指示应该熄灭车外灯。当前照灯开关置于"PARK(驻车)"位置时,前照灯开关驻车灯点亮信号电路搭铁,指示已向驻车灯发出请求。当前照灯开关置于"HEADLAMP(前照灯)"位置时,前照灯开关驻车灯点亮信号电路和前照灯开关前照灯点亮信号电路均搭铁。通过点亮驻车灯和前照灯,车身控制模块对输入进行响应。请求近光前照灯时,车身控制模块将 B + 提供至点亮近光前照灯的两个近光前照灯控制电路。

2)前照灯远光控制

当近光前照灯点亮且转向信号/多功能开关置于远光位置时,通过远光信号电路向车身控制模块提供搭铁。作为对该远光请求的反应,车身控制模块向远光继电器控制电路提供搭铁,使远光继电器通电。远光继电器被通电时,开关触点闭合,使蓄电池电压通过左侧和右侧远光熔断丝提供至远光控制电路,点亮左侧和右侧远光前照灯。各前照灯永久搭铁至 G101(左侧前照灯);搭铁至 G102(右侧前照灯)。

3)自动前照灯控制

_____用于监测车外光照情况。环境光照传感器提供的电压信号将根据车外光照情况在 0.2~4.9V 之间变化。车身控制模块(BCM)向环境光照传感器提供 5V 参考电压信号,HVAC 空调控制模块提供低电平参考电压搭铁。车身控制模块(BCM)监测环境光照传感器信号电路,以确定当前照灯开关处于 AUTO(自动)位置时,车外光照条件是适合使用日间行车灯(DRL)或自动灯控制(ALC)。在日间光照条件下,_____将指令近光前照灯点亮。近光前照灯都是日间行车灯。近光条件下,车身控制模块将指令近光前照灯点亮。任何使前照灯点亮的功能或状况都将取消日间行车灯的操作。

4)闪光超车(FTP)控制

当转向信号/多功能开关被临时置于_____位置时,从搭铁 G204 向转向信号/多功能开关提供搭铁。转向信号/多功能开关通过闪光超车开关信号电路向车身控制模块(BCM)提供_____。随后,车身控制模块向远光继电器控制电路提供搭铁。这使远光继电器通电,同时闭合远光继电器的开关侧触点,将蓄电池电压提供给左右远光灯熔断丝。从_____通过远光控制电路向远光前照灯总成提供蓄电池电压。这导致远光前照灯瞬时以最高亮度点亮。

9.前照灯控制电路常见故障

前照灯常见故障现象有远近光均不亮、两侧远光不亮、两侧近光不亮、单只远光不亮、单只近光不亮。无超车灯功能、近光灯常亮、前照灯昏暗等。表格 1-4 中列出了前照灯控制电路常见故障及可能的故障原因。

前照灯常见故障及原因分析　　　　　　　　　　表1-4

故障现象		可能的故障原因
前照灯不亮	远近光均不亮	熔断丝断路、前照灯继电器损坏、前照灯开关损坏、车身模块损坏及相关线束断路
	两侧远光灯不亮	远光熔断丝断路、远光继电器损坏、远光灯泡损坏、车身模块损坏、多功能开关损坏及相关线路断路
	两侧近光灯不亮	前照灯开关损坏、近光继电器损坏、近光熔断丝断路、近光灯泡损坏、车身模块损坏及相关线路断路
	单只远光灯不亮	远光熔断丝断路、远光继电器断路、远光灯泡损坏、车身模块损坏、多功能开关损坏及相关线路断路
	单只近光灯不亮	近光熔断丝损坏、近光灯泡损坏、近光线路接触不良
	前照灯没有超车灯功能	多功能开关损坏、车身模块损坏及相关线路断路
前照灯近光常亮,不受灯光开关控制		前照灯开关损坏或前照灯通信故障时,车灯处于应急模式,近光常亮
前照灯灯光昏暗(亮度不够)		灯泡规格错误、相关线束接触不良、蓄电池电量不足、交流发电机发电不足

10. 前照灯控制电路诊断方法

前照灯控制电路采用_____或_____,如果采用继电器控制则使用常规的线路和元件测量,判断故障原因;如果采用模块直接控制,应先使用诊断仪对车身模块或前照灯模块进行故障诊断,读取前照灯控制相关的_____、_____及_____,根据诊断仪提示相关信息缩小故障范围后,再采用常规方法对前照灯线路或元件进行测量,以判断故障原因,常规的诊断方法如下。

1)电气线路故障检查

照明装置电气线路中出现线路阻值过大、接触不良或断路,线路对搭铁短路,线路对电源短路或线路与其他线路短路故障,均称为_____。线路故障中,基本上有_____、_____和_____三种情况。线路故障一般需用测试法查出,测试的方法有_____、_____、_____、_____,适用于检查断路和接触不良;_____,适合对线路的搭铁短路故障的检查。

2)电气线路开关的检查

电气线路中开关种类繁多,但大部分机械开关的检查方法都是相同的。即都是将开关与线路的连接器_____,用万用表的欧姆挡来检查各接头间的_____情况,根据每一开关位置各针脚间的_____是否符合标准值,来判断开关的好坏,但需注意不同车型的开关接线形式有所不同。

3)照明线路熔断丝、继电器的检查

照明线路中有大量的熔断丝、控制继电器。在检查熔断丝时,可以直接通过_____检查,判断熔断丝有无烧断,使用万用表检查熔断丝时,通过测量_____判断是否可用。在检查继电器好坏时,一般先检查继电器_____是否符合维修手册要求,检查继电器未通电时各触点端子之间的通断情况是否符合要求,给继电器线圈进行_____测试,检查继电器在工作状态下触点导通的变化情况是否符合要求。

(二)制订工作方案

根据任务描述的故障现象,查阅维修手册等资料,制订一份尽可能详细的汽车前照灯不亮的故障诊断与排除解决方案。

1. 任务分工(表1-5)

学生任务分配表　　　　　　　　　　　　表1-5

班级		组号		指导老师	
组长		任务分工			
组员1		任务分工			
组员2		任务分工			
组员3		任务分工			
组员4		任务分工			
组员5		任务分工			
组员6		任务分工			

2. 工量具、仪器设备与耗材准备

(1)使用的工量具有:_____。

(2)使用的仪器设备有:_____。

(3)使用的耗材有:_____。

3. 具体方案描述

_____
_____
_____
_____
_____

三、计划实施

(一)安全注意事项及技能要点

1. 安全注意事项

(1)前照灯有车身模块或前照灯模块控制时,涉及插拔控制模块插头操作时应先断开蓄电池负极电缆。

(2)有模块控制的前照灯电路在断开蓄电池前,应先让车辆进入休眠状态。

(3)断开蓄电池时先断开负极,再断开正极,安装时顺序相反。

(4)万用表使用前先用欧姆挡进行校准。

(5)测量搭铁线及导线端对端电阻时,应注意需要断开蓄电池负极后操作。

(6)断开模块插接器时应注意操作规范。

2. 技能要点

(1)操作前做好个人防护,注意操作中的安全防护。

(2)操作前做好车辆防护。

(3)正确校准万用表,正确选用万用挡位及表笔连接。

(4)规范使用诊断仪读取故障码、数据流,正确使用诊断仪进行执行器动作测试。

(5)规范使用试灯,跨接检测线路中的电源与搭铁情况。

(6)规范使用万用表测量导线。

(7)正确识读电路图,识别电路符号。

(8)正确使用维修手册。

(9)能根据故障码,查阅维修手册相关诊断流程。

(10)会检测继电器,判断继电器可用性。

(二)前照灯不亮故障诊断与排除

查阅维修手册,以当前主流车型车身模块控制的前照灯电路为例,完成故障车辆前照灯不亮故障诊断与排除过程记录。

1. 前照灯基本检查及故障现象确认

前照灯基本检查及故障现象确认操作方法及说明见表1-6。

前照灯基本检查及故障现象确认操作方法及说明 表1-6

步骤	操作方法及说明	质量标准及记录
1. 车辆安全防护	(1)安装车内防护三件套。 (2)安装车外防护三件套。 (3)安装车轮挡块	□完成 □未完成 □完成 □未完成 □完成 □未完成

续上表

步骤	操作方法及说明	质量标准及记录
2.维修车辆信息登记	(1)记录车辆号码。	□完成　□未完成 车辆号牌记录： _____
	(2)记录车辆VIN码。	□完成　□未完成 车辆VIN码记录： _____
	(3)记录车辆行驶里程。	□完成　□未完成 车辆行驶里程记录： _____
	(4)记录维修车辆燃油液位	□完成　□未完成 车辆燃油液位记录： _____
3.环车基本检查	(1)车辆外观基本检查。	□完成　□未完成 外观异常记录： _____
	(2)发动机舱基本检查	□完成　□未完成 发动机舱异常记录： _____
4.车辆灯光功能检查	灯光功能检查	□完成　□未完成 灯光检查异常情况记录： _____
5.车辆故障码及数据流读取记录	(1)记录前照灯相关故障码。	□完成　□未完成 故障码记录： _____
	(2)记录前照灯相关数据流	□完成　□未完成 数据流记录： _____

2.前照灯总成及线路故障诊断

前照灯总成及线路故障诊断操作方法及说明见表1-7。

前照灯总成及线路故障诊断操作方法及说明　　　　　　　　　　表1-7

步骤	操作方法及说明	质量标准及记录
1.诊断仪检测	(1)连接诊断仪，打开点火开关。 (2)当用故障诊断仪指令"近光灯"点亮和熄灭时，确认近光灯点亮和熄灭状况。 (3)当用故障诊断仪指令"远光"点亮和熄灭时，确认远光点亮和熄灭状况。 (4)使用故障诊断仪指令所有指示灯测试打开和关闭时，确认组合仪表远光指示灯点亮和熄灭状况	□正确使用诊断仪 近光灯动作测试记录： _____ 测试结果判定： □正常　□异常 远光灯动作测试记录： _____ 测试结果判定： □正常　□异常 远光指示灯动作测试记录： _____ 测试结果判定： □正常　□异常
2.前照灯灯泡检测	(1)关闭点火开关，熄灭车外灯。 (2)检查前照灯线束连接器连接情况。 (3)断开左/右前照灯的线束连接器。 (4)拆卸前照灯远、近光灯泡。 (5)检查前照灯灯泡外观情况。 (6)检测前照灯灯泡冷态电阻，应小于2Ω	(1)前照灯线束连接器检查记录： _____ (2)近光灯泡检查记录： _____ (3)远光灯泡检查记录： _____ (4)前照灯灯泡电阻检测记录及结果判断： _____ (5)判断故障原因：

续上表

步骤	操作方法及说明	质量标准及记录
3.近光灯线路检测	(1)关闭点火开关,熄灭车外灯,断开左/右前照灯近光线束连接器。 (2)测试前照灯近光灯座搭铁电路与搭铁之间的电阻,应小于2Ω。 (3)测试前照灯近光搭铁电路端对端电阻,应小于2Ω。 (4)前照灯近光灯座控制电路与搭铁之间连接测试灯,打开点火开关,诊断仪激活近光灯点亮和熄灭,近光灯应点亮和熄灭。 (5)打开点火开关,测试近光控制电路端子和搭铁之间的电压,应等于电源电压。	□正确识读电路图 □正确使用万用表 □正确使用诊断仪 (1)近光灯座搭铁电路与搭铁电阻测量记录及结果判定: _____ (2)近光搭铁电路端对端的电阻测量记录结果判定: _____ (3)近光灯座控制电路跨接测试灯测试记录结果判定: _____ (4)近光灯控制电路与搭铁电压测量记录结果判定: _____

续上表

步骤	操作方法及说明	质量标准及记录
3. 近光灯线路检测	(6) 关闭点火开开关,测试近光灯控制电路端子和搭铁之间的电阻,应为无穷大。 (7) 关闭点火开关,测试近光灯控制电路端子端对端电阻,应小于2Ω。 	(5) 近光控制电路和搭铁之间的电阻测量记录结果判定: _____ (6) 近光控制电路端对端电阻测量记录结果判定: _____ (7) 判断故障原因: _____ _____
4. 远光灯线路检测	(1) 关闭点火开关,熄灭车外灯,断开左/右前照灯远光线束连接器。 (2) 测试前照灯远光灯座搭铁电路与搭铁之间的电阻,应小于2Ω。 (3) 测试前照灯远光搭铁电路端对端电阻,应小于2Ω。	□正确识读电路图 □正确使用万用表 □正确使用诊断仪 (1) 远光灯座搭铁电路与搭铁电阻测量记录及结果判定: _____ (2) 远光搭铁电路端对端的电阻测量记录结果判定: _____ (3) 远光灯座控制电路跨接测试灯测试记录结果判定: _____

续上表

步骤	操作方法及说明	质量标准及记录
4. 远光灯线路检测	(4) 前照灯远光灯座控制电路与搭铁之间连接测试灯,打开点火开关,诊断仪激活远光灯/超车灯点亮和熄灭,远光灯/超车灯应点亮和熄灭。 (5) 打开点火开关,测试远光控制电路端子和搭铁之间的电压,应等于电源电压。 (6) 关闭点火开关,测试远光灯控制电路端子和搭铁之间的电阻,应为无穷大。 (7) 关闭点火开关,测试远光灯控制电路端子端对端电阻,应小于2Ω	(4) 远光灯控制电路与搭铁电压测量记录结果判定: _____ (5) 远光控制电路和搭铁之间的电阻测量记录结果判定: _____ (6) 远光控制电路端对端电阻测量记录结果判定: _____ (7) 判断故障原因: _____

3. 前照灯熔断丝、继电器故障诊断

前照灯熔断丝、继电器故障诊断操作方法及说明见表1-8。

前照灯熔断丝、继电器故障诊断操作方法及说明　　　　表1-8

步骤	操作方法及说明	质量标准及记录
1.熔断丝检测	(1)打开前照灯,测试前照灯熔断丝输入端电压情况,应为电源电压。 (2)打开前照灯,测试前照灯熔断丝输出端电压情况,应为电源电压。 (3)关闭点火开关,关闭前照灯,使用熔断丝拔出器取下前照灯熔断丝。 (4)检查熔断丝规格和外观是否符合要求。 (5)万用表测试熔断丝电阻,应小于1Ω	□正确识读电路图 □正确使用万用表 (1)前照灯熔断丝输入端电压测试及结果判定: _____ (2)前照灯熔断丝输出端电压测试及结果判定: _____ (3)熔断丝规格及外观检查记录: _____ (4)熔断丝电阻记录及结果判定: _____
2.继电器检测	(1)关闭点火开关。 (2)拔下前照灯继电器。 (3)测量继电器线圈端间电阻应符合维修手册要求。	□正确识读电路图 □正确使用万用表 (1)继电器线圈端子间电阻记录及结果判定: _____

续上表

步骤	操作方法及说明	质量标准及记录
2.继电器检测	(4)测量继电器触点端子间电阻应符合维修手册要求。 (5)继电器线圈通电加载,测量继电器触点端子间电阻应符合维修手册要求	(2)继电器触点端子间电阻记录及结果判定: _____ (3)继电器加载测试触点端子间电阻记录及结果判定: _____

4.前照灯开关及线路故障诊断

前照灯开关及线路故障诊断操作方法及说明见表1-9。

前照灯开关及线路故障诊断操作方法及说明　　　　　　表1-9

步骤	操作方法及说明	质量标准及记录
1.诊断仪检测	(1)连接诊断仪,打开点火开关。 (2)使用前照灯开关控制前照灯点亮和熄灭时,确认故障诊断仪"Headlamps On Switch(前照灯点亮开关)"参数在"Active(激活)"和"Inactive(未激活)"之间切换。 (3)使用前照灯开关控制自动车灯控制接通和切断时,确认故障诊断仪"Automatic Headlamps Disable Switch(自动前照灯停用开关)"参数在"Active(激活)"和"Inactive(未激活)"之间切换	□正确使用诊断仪 (1)前照灯点亮开关参数记录: _____ 测试结果判定: □正常　□异常 (2)自动前照灯停用开关参数记录: _____ 测试结果判定: □正常　□异常

续上表

步骤	操作方法及说明	质量标准及记录
2. 前照灯开关搭铁线路检测	（1）关闭点火开关，断开前照灯开关线束连接器。 （2）测量前照灯开关搭铁电路端子和搭铁之间的电阻应小于2Ω。 （3）测量前照灯搭铁电路端对端的电阻应小于2Ω	□ 正确识读电路图 □ 正确使用万用表 （1）搭铁电路端子与搭铁电阻记录及结果判定： （2）搭铁电路端对端的电阻记录及结果判定： （3）判断故障原因：
3. 前照灯开关信号线路检测	（1）关闭点火开关，检查前照灯开关连接器，断开前照灯开关线束连接器。 （2）打开点火开关，测试前照灯开关信号电路与搭铁之间的电压应满足要求。 （3）关闭点火开关，断开蓄电池负极，断开车身模块线束连接器。 （4）测量前照灯开关信号电路端子与搭铁电阻应满足要求。 （5）测量前照灯开关信号电路端对端电阻应满足要求	□ 正确识读电路图 □ 正确使用万用表 （1）前照灯开关线束连接器检查记录： （2）信号电路端子与搭铁之间的电压记录及结果判定： （3）信号电路端子与搭铁之间的电阻记录及结果判定： （4）信号电路端对端电阻记录及结果判定：

续上表

步骤	操作方法及说明	质量标准及记录
3. 前照灯开关信号线路检测		(5)判断故障原因：_____
4. 前照灯开关检测	(1)关闭点火开关，断开前照灯开关线束连接器，拆下前照灯开关。 (2)前照灯开关在关闭挡时测量前照灯开关各针脚间电阻值应满足维修手册要求。 (3)前照灯开关在近光挡时测量前照灯开关各针脚间电阻值应满足维修手册要求。 (4)前照灯开关在自动挡时测量前照灯开关各针脚间电阻值应满足维修手册要求	□正确识读电路图 □正确使用万用表 (1)关闭挡位前照灯开关针脚电阻记录及结果判定：_____ (2)近光挡位前照灯开关针脚电阻记录及结果判定：_____ (3)自动挡位前照灯开关针脚电阻记录及结果判定：_____

5. 超车灯开关及线路故障诊断

超车灯开关及线路故障诊断操作方法及说明见表1-10。

超车灯开关及线路故障诊断操作方法及说明　　　　　　　　　表1-10

步骤	操作方法及说明	质量标准及记录
1. 超车灯开关参数读取与记录	(1)连接诊断仪,打开点火开关。 (2)使用超车灯开关指令闪光超车时,确认故障诊断仪"Headlamps Flash Switch(前照灯闪光开关)"参数在"Active(激活)"和"Inactive(未激活)"之间切换。 (3)使用超车灯开关指令远光接通和切断时,确认故障诊断仪"High Beam Select Switch(远光选择开关)"参数在"Active(激活)"和"Inactive(未激活)"之间切换	□正确使用诊断仪 (1)超车灯闪光开关参数记录： ＿＿＿＿＿＿＿＿＿ 测试结果判定： □正常　□异常 (2)远光选择开关参数记录： ＿＿＿＿＿＿＿＿＿ 测试结果判定： □正常　□异常
2. 超车灯开关搭铁线路检测	(1)关闭点火开关,断开超车灯开关线束连接器。 (2)测量超车灯开关搭铁电路端子和搭铁之间的电阻应小于2Ω。 (3)测量超车灯开关搭铁电路端对端的电阻应小于2Ω	□正确识读电路图 □正确使用万用表 (1)搭铁电路端子与搭铁电阻记录及结果判定： ＿＿＿＿＿＿＿＿＿ (2)搭铁电路端对端的电阻记录及结果判定： ＿＿＿＿＿＿＿＿＿ (3)判断故障原因： ＿＿＿＿＿＿＿＿＿

续上表

步骤	操作方法及说明	质量标准及记录
3. 超车灯开关信号线路检测	(1)关闭点火开关,检查超车灯开关连接器,断开线束连接器。 (2)打开点火开关,测试超车灯开关信号电路与搭铁之间的电压应满足要求。 (3)关闭点火开关,断开蓄电池负极,断开车身模块线束连接器。 (4)测量超车灯开关信号电路端子与搭铁电阻应满足要求。 (5)测量超车灯开关信号电路端对端电阻应满足要求	□正确识读电路图 □正确使用万用表 (1)超车灯开关线束连接器检查记录: _____ (2)信号电路端子与搭铁之间的电压记录及结果判定: _____ (3)信号电路端子与搭铁之间的电阻记录及结果判定: _____ (4)信号电路端对端电阻记录及结果判定: _____ (5)判断故障原因: _____

续上表

步骤	操作方法及说明	质量标准及记录
4. 超车灯开关检测	（1）关闭点火开关，断开超车灯开关线束连接器，拆下超车灯开关。 （2）超车灯开关在关闭挡时测量开关各针脚间电阻值应满足维修手册要求。 （3）超车灯开关在远光挡时测量开关各针脚间电阻值应满足维修手册要求。 （4）超车灯开关在超车挡时测量开关各针脚间电阻值应满足维修手册要求	□正确识读电路图 □正确使用万用表 （1）关闭挡位开关针脚电阻记录及结果判定： _____ _____ （2）远光挡位开关针脚电阻记录及结果判定： _____ _____ （3）超车挡位开关针脚电阻记录及结果判定： _____ _____

6. 环境光照传感器及线路故障诊断

当自动前照灯功能失效时，应检查环境光照传感器，恢复自动前照灯控制功能。环境光照传感器及线路故障诊断操作方法及说明见表1-11。

环境光照传感器及线路故障诊断操作方法及说明 表1-11

步骤	操作方法及说明	质量标准及记录
1. 环境光照传感器参数读取记录	（1）连接诊断仪，打开点火开关。 （2）确认故障诊断仪"Ambient Light Sensor（环境光照传感器）"符合要求	□正确使用诊断仪 环境光照传感器参数记录及判断： _____ _____

续上表

步骤	操作方法及说明	质量标准及记录
2. 环境光照传感器低电平参考线路检测	(1) 关闭点火开关,断开环境光照传感器线束连接器。 (2) 测量环境光照传感器低电平参考线路端子和搭铁之间的电阻应小于2Ω。 (3) 测量环境光照传感器低电平参考线路端对端的电阻应小于2Ω	□正确识读电路图 □正确使用万用表 (1) 低电平参考电路端子与搭铁电阻记录及结果判定: _____ (2) 低电平参考电路端对端的电阻记录及结果判定: _____ (3) 判断故障原因: _____
3. 环境光照传感器信号线路检测	(1) 诊断仪读取环境光照传感器参数应满足要求。 (2) 信号线路与搭铁电压测试应满足要求。 (3) 信号线路与搭铁电阻测试应满足要求。 (4) 信号线路端对端电阻测试应满足要求	□正确识读电路图 □正确使用万用表 (1) 信号电路端子和搭铁之间的电压记录及结果判定: _____ (2) 信号电路端子和搭铁之间的电阻记录及结果判定: _____ (3) 信号电路的端到端电阻记录: _____ (4) 判断故障原因: _____

7. 车身模块故障诊断

车身模块故障诊断操作方法及说明见表1-12。

车身模块故障诊断操作方法及说明　　　　表1-12

步骤	操作方法及说明	质量标准及记录
1. 诊断仪检测	(1) 连接诊断仪,打开点火开关。 (2) 诊断仪读取故障码,有故障码参照故障码执行	□正确使用诊断仪 诊断仪读码记录: _____

续上表

步骤	操作方法及说明	质量标准及记录
2.车身控制模块搭铁检测	(1)关闭点火开关,断开蓄电池负极。 (2)断开车身模块连接器。 (3)测试车模块连接器搭铁端子与搭铁电阻应小于2Ω。 (4)测试车身模块搭铁线端对端电阻应小于2Ω。 (5)测试车身模块搭铁线末端与搭铁点之间电阻应小于2Ω	□正确识读电路图 □正确使用万用表 (1)车身模块搭铁线对搭铁电阻记录及结果判定: _____ (2)车身模块搭铁线端对端电阻记录及结果判定: _____ (3)车身模块搭铁线末端与搭铁点电阻记录及结果判定: _____
3.车身控制模块电源检测	(1)关闭点火开关,断开蓄电池负极。 (2)断开车身模块连接器。 (3)打开点火开关,测试车身模块连接器电源线端子电压应为电源电压。 (4)关闭点火开关,断开蓄电池负极,测试车身模块电源线端对搭铁电阻应为无穷大。 (5)测试车身模块电源线端对端电阻应小于2Ω	□正确识读电路图 □正确使用万用表 (1)车身模块电源线对搭铁电压记录及结果判定: _____ (2)车身模块电源线对搭铁电阻记录及结果判定: _____ (3)车身模块电源线端对端电阻记录及结果判定: _____
4.通信网络检测	(1)关闭点火开关,断开蓄电池负极,断开车身模块连接器。 (2)连接好蓄电池负极,打开点火开关,测量车身模块连接器网络通信线CAN-H与CAN-L电压。 (3)关闭点火开关,断开蓄电池负极,测量车身模块网络通信线CAN-H、CAN-L与搭铁线之间电阻应为无穷大。 (4)关闭点火开关,断开蓄电池负极,测量车身模块网络通信线CAN-H、CAN-L与电源线之间电阻应为无穷大。 (5)关闭点火开关,断开蓄电池负极,断开与车身模块网络通信线相连接的模块连接器,测量车身模块网络通信线CAN-H、CAN-L端对端之间电阻应小于2Ω	□正确识读电路图 □正确使用万用表 (1)车身模块网络通信线CAN-H与CAN-L电压记录及结果判定: _____ (2)车身模块网络通信线CAN-H与CAN-L对搭铁电阻记录及结果判定: _____ (3)车身模块网络通信线CAN-H与CAN-L对电源电阻记录及结果判定: _____ (4)车身模块网络通信线CAN-H与CAN-L端对端电阻记录及结果判定: _____

四、评价反馈(表1-13)

评价表　　　　　　　　　　　　　　　　　　表1-13

评分项目	评分内容及标准	分值(分)	得分(分)
学习目标	能明确本任务的知识、技能、素养目标,理解任务在工作中的重要程度	5	
工作任务分析	能清晰描述完成本次工作任务内容	2	
	能清晰描述完成本次工作任务需必备的技能与知识点	2	
有效信息获取	能描述前照灯作用、类型及结构	3	
	能说出前照灯防眩目措施	2	
	能说出前照灯的电路组成	3	
	能描述前照灯控制原理	3	
	能描述别克威朗前照灯控制电路的控制原理	2	
	能说出前照灯不亮的故障原因	3	
	能描述控制电路的诊断方法	3	
实施方案制订	能清晰地制订并填写前照灯不亮故障诊断与排除的准备作业计划	5	
	能组织或协同工作小组成员,明确本次任务所需仪器设备、工具、材料的准备与清点,并准备记录	5	
	能组织或协同工作小组成员交流,优化检查方案并记录	5	
任务实施	前照灯基本检查及故障现象确认	5	
	前照灯总成及线路故障诊断	6	
	前照灯熔断丝、继电器故障诊断	6	
	前照灯开关及线路故障诊断	6	
	远光开关、超车灯开关及线路故障诊断	6	
	环境光照传感器及线路故障诊断	6	
	车身模块故障诊断	6	
任务评价	能通过本次任务实施,结合自己在实训过程中的表现,进行自我评价及自我反思并记录	3	
职业素养	遵守职业道德规范,诚实守信,尊重客户	2	
	具备良好的沟通能力和团队协作能力	2	
	遵守安全操作规程,具备安全意识	2	
	具备一丝不苟、精益求精的工匠精神	2	

续上表

评分项目	评分内容及标准	分值(分)	得分(分)
思政要求	具备绿色环保、节能降碳的环保意识	1	
	具备严谨理性的工作作风,尊重事实和证据	1	
	有实证意识和严谨的求知态度	1	
	有精益求精的质量管控意识	1	
	具备热爱劳动、敬业奉献的劳动精神	1	
总计		100	

改进建议:

教师签字:

日期:

学习活动2 汽车转向灯不亮故障诊断与排除

一、明确任务

根据任务描述,车主反映故障车辆在使用中左右两侧转向灯均不亮,需要对待修车辆转向灯主要部件进行检查与更换,使其恢复正常使用性能。

二、工作准备与计划制订

(一)知识准备

1. 转向灯的作用和安装位置

在汽车起步、转弯、变更车道或路边停车时,需要打开_____以表示汽车的趋向,提醒周围车辆和行人注意。当车辆转弯时,驾驶人拨动相应方向的_____,转向灯就会发出明暗闪烁的灯光信号,提醒前后车辆及行人注意车辆的行驶方向,车辆转向后,驾驶人回转_____,控制装置可自动使转向开关复位,转向灯熄灭,或直接拨回转向灯开关,使转向灯熄灭,根据相关要求,转向灯应具备一定的_____,我国规定闪烁频率为每分钟60～120次,而且要求信号要好,通电率

转向灯作用

转向灯组成

(亮暗时间比)最佳值为_____。并要求在白天时,前、后转向灯在_____m 以外可见,侧转向灯在 30m 以外可见。

转向灯包括车辆左前、右前、左后、右后转向灯和左、右侧转向灯。前部转向灯安装于_____总成内,后部转向灯安装于_____内,侧转向灯安装在车辆左右前部_____上,如图 1-49 所示。转向灯灯光颜色一般为琥珀色,前后转向灯卤素灯泡的功率是_____w,侧转向灯卤素灯泡功率是_____w。

a) 前转向灯　　　　　　b) 后转向灯　　　　　　c) 侧转向灯

图 1-49　转向灯安装位置

2. 转向灯信号系统组成

转向灯信号系统一般由_____、_____、_____、_____、_____、_____等组成,如图 1-50 所示。当接通危险警告灯开关时,所有转向信号灯同时闪烁,表示车辆遇紧急情况,请求其他车辆避让。根据《机动车运行安全技术条件》(GB 7258—2017)规定,危险警告灯操纵装置不得受点火开关控制。

图 1-50　转向灯信号系统组成

危险警告灯与转向信号灯共用_____和_____。转向灯工作时需先开启点火开关。

1) 转向灯开关

转向灯开关的功能是接通转向灯控制电路或提供转向信号给车身模块。一般安装在转向盘左下方,如图 1-51 所示。

转向灯开关根据控制方式不同分为_____型和_____型,常规的开关型转向灯开关一般串联在转向灯电路中,通过接通不同位置控制不同方向的转向灯工作,如图 1-52 所示。

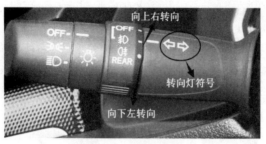

图1-51 转向灯开关

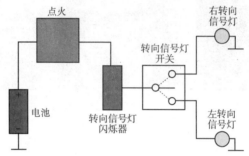

图1-52 开关型转向灯开关控制原理

信号型转向灯开关一般使用在电气模块化水平较高的车辆上,接通时向_____传递转向灯接通的_____信号,控制原理如图1-53所示。车辆一般安装有转向柱控制模块和车身模块。

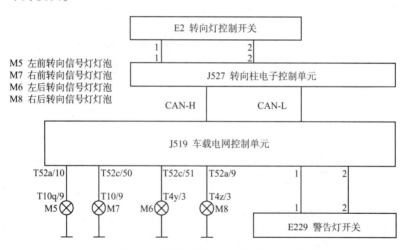

图1-53 信号型转向灯开关控制原理

信号型转向灯开关一般都具有一触三闪功能,向上或向下轻触转向灯开关,相应侧的转向灯会闪烁_____后停止,控制原理如图1-54所示。主要用于车辆超车时使用,不需要单独关闭转向灯开关。转向灯开关在操作后有自动回正功能,在开关内设置有拨杆机构,汽车转向后回正转向盘时带动拨杆使转向灯开关自动回正,控制原理如图1-55所示。

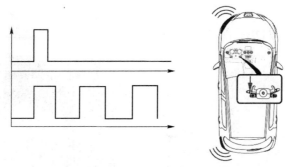

图 1-54　转向灯开关一触三闪控制原理

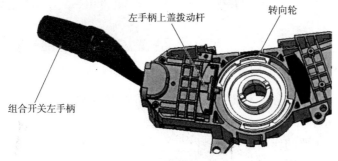

图 1-55　转向灯开关回正原理

2）危险警告灯开关

危险警告灯开关的作用是_____，当车辆出现故障或事故时，危险警告灯能发出亮光，提醒其他车辆注意避让，避免发生二次事故；在恶劣天气条件下，如雾天、暴雨天或其他视力差的情况下，开启危险警告灯能更容易地被其他车辆识别，从而增加行车安全性。危险警告灯开关安装在驾驶室仪表板上，如图 1-56 所示。危险警告灯开关根据控制方式不同分为_____型和_____型，信号型开关控制原理如图 1-57 所示。

图 1-56　危险警告灯开关

转向灯、危险警告灯开关使用

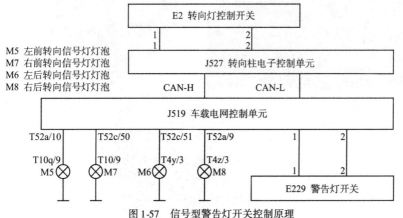

图 1-57　信号型警告灯开关控制原理

3）转向灯

转向灯根据使用灯源不同分为_____型和_____型,如图1-58、图1-59所示。

图1-58　卤素转向灯泡　　　　　　　图1-59　LED转向灯泡

根据安装位置可以分为左前、右前转向灯,左后、右后转向灯,侧转向灯。

4）转向指示灯

转向指示灯主要的作用是_____。转向灯工作时,汽车仪表上的转向指示灯同步工作,与转向灯闪烁频率_____,如图1-60所示。

5）闪光继电器

闪光继电器又称闪光器,主要的功能是向转向灯提供变化的脉冲电压,使转向灯工作时产生明暗变化的灯光。目前常用的闪光器为_____,电子闪光器有B、L、E三个端子,_____与电源相连,_____与转向灯开关相连,_____搭铁。如图1-61所示,在车身模块控制的转向灯电路中,其闪光器内置在车身模块内。

图1-60　转向指示灯　　　　　　　图1-61　闪光继电器

6）车身模块BCM(Body Control Module)

车身控制模块BCM(Body Control Module),通过信号来协调车内用电设备的管理和控制。在汽车的灯光控制中,车身控制模块的主要功能是接收转向灯开关信号、危险警告灯开关信号,控制转向灯灯泡工作电路,点亮转向灯,同时通过车载网络点亮仪表的转向指示灯。

3. 闪光器的工作原理

常见闪光器按照结构和工作原理分为_____、_____、_____、_____等。晶体管式闪光器具有功能稳定、可靠等优点,得到了广泛使用。

晶体管式闪光器有带继电器的晶体管式闪光器(有触点)、无触点闪光器、集成电路闪光器等。

1)带继电器的晶体管闪光器

带继电器的晶体管闪光器的工作原理如图1-62所示,它主要由_____开关电路和小型_____组成。

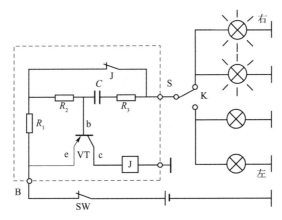

图1-62 带继电器的晶体管闪光器

当汽车打开右转向信号灯时,电流由蓄电池正极→_____→接线柱B→电阻R_1→_____→接线柱S→_____→右转向信号灯→_____→蓄电池负极,形成回路,右转向信号灯亮。当电流通过电阻R_1时,在电阻R_1上产生电压降,三极管VT因正向偏压而导通,集电极电流通过继电器线圈J,使继电器的常闭触点立即打开,右转向信号灯随之熄灭。

三极管导通的同时,其基极电流向电容器C充电。电流由蓄电池正极→_____→接线柱B→_____→基极b→_____→电阻R_3→接线柱S→_____→_____→搭铁→蓄电池负极,形成回路。随着电容器电荷的积累,充电电流逐渐减小,三极管的集电极电流也随之减小,当电流减小,线圈中产生的电磁力不足以维持衔铁的吸合而释放时,继电器触点重新闭合,转向灯又再次亮起。这时电容器C通过电阻R_2、继电器触点J、电阻R_3放电。放电电流在R_2上产生的电压降为三极管提供反向偏压,加速三极管的截止。当放电电流接近零时,R_1上的电压降为三极管VT提供正向偏压使其导通。这样,电容器不断地充电和放电,三极管也就不断地导通与截止,控制继电器触点反复地打开、闭合,使转向信号灯闪烁。

2)无触点闪光器

无触点闪光器的电路,如图1-63所示。当_____打开时,三极管VT_1的基极电流由两路提供,一路经电阻_____,另一路经电阻_____和电容器C,三极管VT_1

导通,复合三极管 VT_2、VT_3 处于截止状态,由于 VT_1 的导通电流很小,仅 60mA 左右,故转向灯不亮。与此同时,电源对电容器 C 充电,随着电容器 C 两端电压的升高,充电电流逐渐减小,三极管 VT_1 由导通变为截止。这时 A 点的电位升高,当其电位达到 1.4V 时,三极管 VT_2 导通,三极管 VT_3 也随之导通,于是转向灯发亮。此时,电容器 C 经过电阻 R_1、R_2 放电,电容器放完电后,接着电源又对电容器 C 充电,三极管 VT_1 导通,VT_2、VT 截止,转向灯熄灭,如此反复,使转向灯闪烁,闪光频率由电路中元件的参数决定。

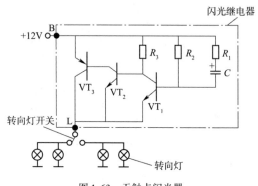

图 1-63 无触点闪光器

3)集成电路闪光器

如图 1-64 所示为集成电路闪光器的工作原理图。该集成块是一块低功率、高精度的汽车电子闪光器专用集成电路。标称电压 12V,实际工作电压范围为 9~18V,采用双列 8 脚直插塑料封装。内部电路主要由输入检测器 SR、电压检测器 D、振荡器 Z 及功率输出级 SC 四部分组成。

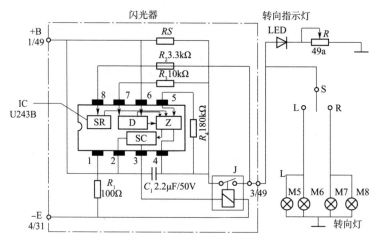

图 1-64 集成电路闪光器

输入检测器用来检测_____是否接通。振荡器由一个电压比较器和外接的电阻 R_4 和电容器 C_1 构成。内部电路比较器的一端提供了一个参考电压,其值由电压检测器控制,比较器的另一端则由外接的电阻 R_4 和电容器 C_1 提供一个变化的电压,从而形成电路的振荡。振荡器工作时,输出级的矩形波便控制继电器线圈的电路并使继电器触点反复打开和闭合。于是转向信号灯和转向指示灯闪烁,频率为 80 次/min。

如果一只转向灯烧坏,则流过取样电阻 RS 的电流减小,其电压将减小,经电压检测器识别后,便控制振荡器电压比较器的参考电压,从而改变振荡频率,使转向指示灯的闪光频率加快一倍,以提示驾驶人及时检修。当打开危险警报开关时,汽车的前、后、左、右转向信号灯同时闪烁作为危险警报信号。

4. 转向灯控制电路分析

1) 带闪光继电器式转向灯控制电路

带闪光继电器式转向灯控制电路组成包括:_____、_____、_____、_____、_____,_____、_____。如图 1-65 所示为带闪光器式转向灯控制电路。

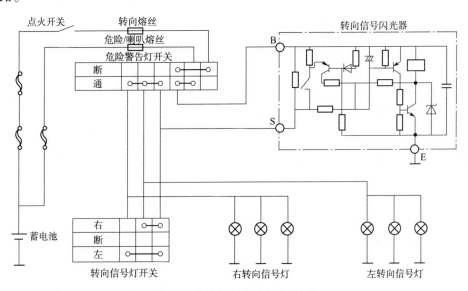

图 1-65 带闪光器式转向灯控制电路

根据图 1-65 所示,分析控制电路原理可以得出以下结论。

(1) 转向灯工作电源受_____控制,打开_____后转向灯才能工作。

(2) 转向熔断器的作用是保护转向灯电路,安装在点火开关后的电路中。

(3) 转向信号灯闪光器有 3 个端子,分别是 B 电源、S 信号和 E 搭铁。闪光器的作用是为转向灯发出交替电源。

(4) 转向灯开关有 3 个挡位,分别是_____、_____、_____。

(5) 各个转向灯是_____电路关系。

(6) 在汽车左转向时,接通点火开关,将转向开关置于左转向挡位,工作电流路径是:蓄电池正极→点火开关→_____→_____→闪光器 B→

闪光器 S→＿＿＿＿＿＿→左转向灯（3 只）→搭铁→蓄电池负极，左转向灯闪烁。

（7）在汽车右转向时，接通点火开关，将转向开关置于右转向挡位，工作电流路径是：蓄电池正极→点火开关→＿＿＿＿＿＿→＿＿＿＿＿＿→闪光器 B→闪光器 S→＿＿＿＿＿＿→右转向灯（3 只）→搭铁→蓄电池负极，右转向灯闪烁。

（8）危险警告灯开关有两个挡位，分别是＿＿＿＿和＿＿＿＿。

（9）危险警告灯熔丝串联在危险警告灯开关电路中，不受点火开关控制。

（10）危险警告灯处于接通挡位时，工作电流路径是：蓄电池正极→危险警告熔丝→＿＿＿＿＿＿→闪光灯 B→闪光灯 S→＿＿＿＿＿＿→＿＿＿＿＿＿→左、右搭铁→蓄电池负极，左、右转向灯同时闪烁。

2）车身模块控制式转向的控制电路

如图 1-66 和图 1-67 所示，以别克威朗转向灯控制电路为例，控制电路组成：＿＿＿＿、＿＿＿＿、＿＿＿＿、＿＿＿＿、电源、点火开关及相应线路等组成。分析得出以下结论。

（1）转向信号灯控制。G204 始终向转向信号/多功能开关提供搭铁。转向信号灯只在点火开关置于"ON"（打开）或"START"（启动）位置时才点亮。当转向信号/多功能开关置于 TURN RIGHT（右转）或 TURN LEFT（左转）位置时，通过右转向或左转向信号开关信号电路向＿＿＿＿提供搭铁。作为对转向信号开关输入的反应，车身控制模块分别通过三个控制电路向前、后转向信号灯提供脉冲电压。车身控制模块接收到转向信号请求时，将一条串行数据消息发送至仪表板组合仪表（IPC），请求相应的转向信号指示灯点亮或熄灭。

（2）危险警告灯控制。危险警告闪光灯可以在任何电源模式中激活。当按下危险警告灯开关时，危险警告灯开关信号电路瞬时搭铁。车身控制模块（BCM）在一个 ON（打开）和 OFF（关闭）占空比周期中向所有 4 个转向信号灯提供蓄电池电压，以此对危险警告灯开关信号输入做出反应。激活危险警告灯开关时，车身控制模块向仪表盘组合仪表（IPC）发送一条串行数据消息，请求两个转向信号指示灯反复点亮和熄灭。

（3）＿＿＿＿主要负责车身的电气控制，如日间行车灯、前照灯、尾灯、转向灯、危险警号灯、雾灯等灯光系统及其他电气功能的控制。

（4）转向信号/多功能开关 S78 共有三个端子，其中，控制左转的是端子 1，控制右转的是端子 2，端子 3 是搭铁。

（5）转向灯只在＿＿＿＿置于"ON"挡或"START"挡时才能点亮。接收到转向请求信号后，车身控制模块 K9 通过＿＿＿＿传输，在仪表中显示左/右转向灯指示灯。

（6）车身模块接收到左转向请求信号后，车身控制模块 K9 给端子＿＿＿＿提供脉冲电压，左前转向灯、左侧转向灯闪烁，给端子＿＿＿＿提供脉冲电压，左后转向灯闪烁。

汽车灯光不亮故障诊断与排除 | **学习任务一**

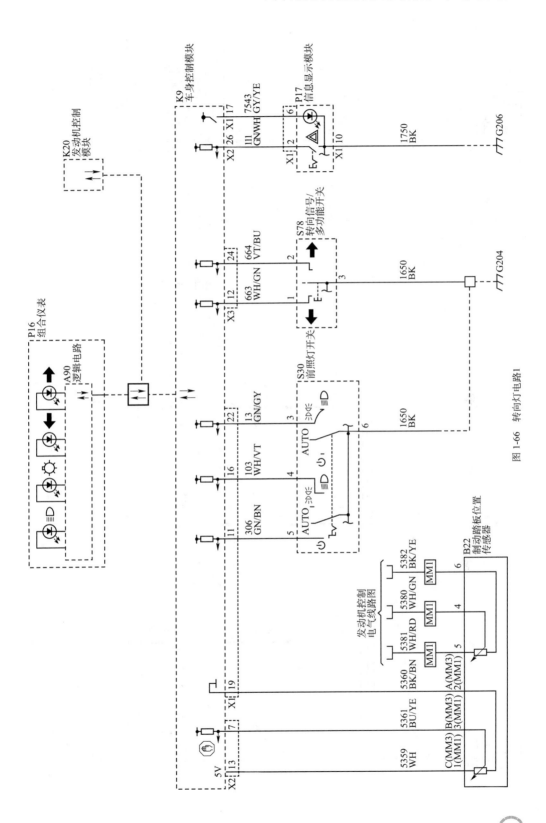

图 1-66 转向灯电路1

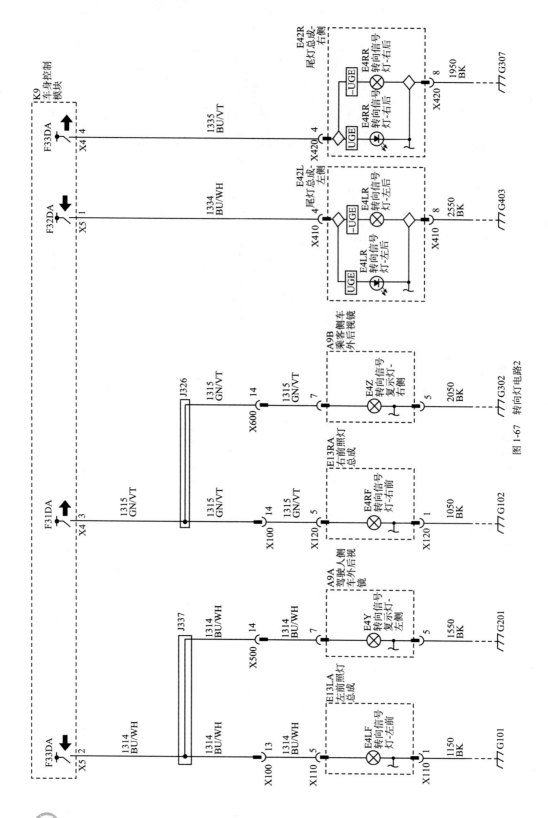

图1-67 转向灯电路2

(7) 车身模块接收到右转向请求信号后,车身控制模块 K9 给端子_____提供脉冲电压,右前转向灯、侧转向灯闪烁,K9 给端子_____提供脉冲电压,右后转向灯闪烁。

(8) 左后转向灯有两个端子,X410 的端子 4 是电源,该电源由 K9 的线束连接端子_____提供,端子_____搭铁,搭铁点是_____。

(9) 右后转向灯有两个端子,X420 的端子_____是电源,该电源是 K9 的线束连接器端子_____提供,端子_____搭铁,搭铁点是_____。

(10) 按下危险警告灯开关,K9 端子_____与搭铁 G206 相通,车身模块 K9 收到一个接地信号,这个信号就是危险警告灯接通请求信号。

(11) 危险警告灯工作电路是:车身模块收 K9 到危险警告灯开关接通请求后,车身控制模块 K9 同时控制端子 X5/2、X5/1、X4/3、X4/4 提供脉冲电压,所有转向灯及转向指示灯同时闪烁工作。

5. 转向灯控制电路常见故障及原因

转向灯信号系统常见故障有转向灯不亮、单侧转向灯不亮、单只转向灯不亮、两侧转向灯同时闪烁、转向灯不亮危险警告灯正常、转向灯危险警告灯均不亮等。表格 1-14 中列出了转向灯控制电路常见故障及可能原因。

转向灯常见故障及原因分析 表 1-14

故障现象	列举可能的故障原因
转向灯、危险警告灯均不亮	熔断丝断路、转向灯开关损坏、危险警告灯开关损坏、闪光器损坏、转向灯泡损坏、车身模块损坏、相关线路故障
转向灯不亮,危险警告灯正常	转向灯熔断丝断路、转向灯开关损坏、车身模块损坏、相关线路故障
转向灯常亮	转向灯开关损坏、车身模块损坏、相关线路故障
单侧转向灯不亮	转向灯开关损坏、转向灯泡损坏、车身模块损坏、相关线路故障
单只转向灯不亮	转向灯泡损坏、车身模块损坏、相关线路故障
两侧转向灯同时闪烁	转向灯开关损坏、车身模块损坏、相关线路故障

(二)制订工作方案

1. 任务分工(表 1-15)

学生任务分配表 表 1-15

班级		组号		指导老师	
组长		任务分工			
组员 1		任务分工			
组员 2		任务分工			
组员 3		任务分工			
组员 4		任务分工			
组员 5		任务分工			
组员 6		任务分工			

2. 工量具、仪器设备与耗材准备

（1）使用的工量具有：_____。
（2）使用的仪器设备有：_____。
（3）使用的耗材有：_____。

3. 具体方案描述

_____
_____
_____
_____
_____

三、计划实施

（一）安全注意事项及技能要点

1. 安全注意事项

（1）转向灯控制有车身模块或前照灯模块控制时，涉及插拔控制模块插头操作时应先断开蓄电池。
（2）有模块控制的转向灯电路在断开蓄电池前，应先让车辆进入休眠状态。
（3）断开蓄电池时先断开负极，再断开正极，安装时顺序相反。
（4）万用表使用前先用欧姆挡进行校准。
（5）测量搭铁线及导线端对端电阻时，应注意需要断开蓄电池负极。
（6）断开模块插接器时应注意操作规范。

2. 技能要点

（1）操作前做好个人防护，注意操作中的安全防护。
（2）操作前做好车辆防护。
（3）正确校准万用表，正确选用万用挡位及表笔连接。
（4）规范使用诊断仪读取故障码、数据流，正确使用诊断仪进行执行器动作测试。
（5）规范使用试灯，跨接检测线路中的电源与搭铁情况。
（6）规范使用万用表测量导线。
（7）正确识读电路图，识别电路符号。
（8）正确使用维修手册。
（9）能根据故障码，查阅维修手册相关诊断流程。
（10）会检测继电器，判断继电器可用性。

（二）转向灯不亮故障诊断与排除

查阅维修手册，以当前主流车型车身模块控制的转向灯电路为例，完成故障车辆转向灯不亮故障诊断与排除过程记录。

1. 转向灯基本检查及故障现象确认

转向灯基本检查及故障现象确认操作方法及说明见表1-16。

表1-16 转向灯基本检查及故障现象确认操作方法及说明

步骤	操作方法及说明	质量标准及记录
1. 车辆安全防护	(1)安装车内防护三件套。 (2)安装车外防护三件套。 (3)安装车轮挡块	□完成 □未完成 □完成 □未完成 □完成 □未完成
2. 维修车辆信息登记	(1)记录车辆号码。	□完成 □未完成 车辆号牌记录： _____
	(2)记录车辆VIN码。	□完成 □未完成 车辆VIN码记录： _____
	(3)记录车辆行驶里程。	□完成 □未完成 车辆行驶里程记录： _____
	(4)记录维修车辆燃油液位	□完成 □未完成 车辆燃油液位记录： _____
3. 环车基本检查	(1)车辆外观基本检查。	□完成 □未完成 外观异常记录： _____
	(2)发动机舱基本检查。	□完成 □未完成 发动机舱异常记录： _____
4. 车辆灯光功能检查	灯光功能检查	□完成 □未完成 灯光检查异常情况记录： _____
5. 车辆故障码及数据流读取记录	(1)记录转向灯相关故障码。	□完成 □未完成 故障码记录： _____
	(2)记录转向灯相关数据流	□完成 □未完成 数据流记录： _____

2. 前部转向灯及线路故障诊断

前部转向灯及线路故障诊断操作方法及说明见表1-17。

前部转向灯及线路故障诊断操作方法及说明　　　　　　表1-17

步骤	操作方法及说明	质量标准及记录
1. 诊断仪检测	(1) 连接诊断仪，打开点火开关。 (2) 当用故障诊断仪指令"左前转向信号灯"点亮和熄灭时，确认左前、左侧转向信号灯点亮和熄灭。 (3) 当用故障诊断仪指令"右前转向信号灯"点亮和熄灭时，确认右前、右侧转向信号灯点亮和熄灭	□正确使用诊断仪 (1) 左前转向灯动作测试记录： _____ 测试结果判定： □正常　□异常 (2) 右前转向灯动作测试记录： _____ 测试结果判定： □正常　□异常
2. 前部转向灯灯泡检测	(1) 关闭点火开关，熄灭车外灯。 (2) 检查前部转向灯线束连接器连接情况。 (3) 断开左/右前部转向灯的线束连接器。 (4) 拆卸左、右前部转向灯灯泡。 (5) 检查转向灯灯泡外观情况。 (6) 检测转向灯灯泡冷态电阻，应小于2Ω	(1) 转向灯线束连接器检查记录： _____ (2) 前部转向灯泡检查记录： _____ (3) 前部转向灯灯泡电阻检测记录及结果判断： _____ (4) 判断故障原因：

续上表

步骤	操作方法及说明	质量标准及记录
3. 前部转向灯线路检测	(1)关闭点火开关,熄灭车外灯,断开左/右前部转向灯线束连接器。 (2)测试前部转向灯座搭铁电路与搭铁之间的电阻,应小于2Ω。 (3)测试前部转向灯搭铁电路端对端电阻,应小于2Ω。 (4)前部转向灯座控制电路与搭铁之间连接测试灯,打开点火开关,诊断仪激活转向点亮和熄灭,转向灯应点亮和熄灭。	□正确识读电路图 □正确使用万用表 □正确使用诊断仪 (1)转向灯座搭铁电路与搭铁电阻测量记录及结果判定: _____ (2)转向搭铁电路端对端的电阻测量记录结果判定: _____ (3)转向灯座控制电路跨接测试灯测试记录结果判定: _____

续上表

步骤	操作方法及说明	质量标准及记录
3.前部转向灯线路检测	(5)打开点火开关,测试转向灯控制电路端子和搭铁之间的电压,应等于电源电压。 (6)关闭点火开关,测试转向灯控制电路端子和搭铁之间的电阻,应为无穷大。 (7)关闭点火开关,测试转向灯控制电路端子端对端电阻,应小于2Ω	(4)转向灯控制电路与搭铁电压测量记录结果判定: _____ (5)转向控制电路和搭铁之间的电阻测量记录结果判定: _____ (6)转向控制电路端对端电阻测量记录结果判定: _____ (7)判断故障原因: _____

3. 后部转向灯及线路故障诊断

后部转向灯及线路故障诊断操作方法及说明见表1-18。

后部转向灯及线路故障诊断操作方法及说明　　表1-18

步骤	操作方法及说明	质量标准及记录
1.诊断仪检测	(1)连接诊断仪,打开点火开关。 (2)当用故障诊断仪指令"左后转向信号灯"点亮和熄灭时,确认左后转向信号灯点亮和熄灭。 (3)当用故障诊断仪指令"右后转向信号灯"点亮和熄灭时,确认右后转向信号灯点亮和熄灭	□正确使用诊断仪 (1)左后转向灯点亮和熄灭动作测试记录: _____ 测试结果判定: □正常　□异常 (2)右后转向灯点亮和熄灭动作测试记录: _____ 测试结果判定: □正常　□异常

续上表

步骤	操作方法及说明	质量标准及记录
2. 后部转向灯灯泡检测	(1)关闭点火开关，熄灭车外灯。 (2)检查后部转向灯线束连接器连接情况。 (3)断开左/右部转向灯的线束连接器。 (4)拆卸左、右部转向灯灯泡。 (5)检查转向灯灯泡外观情况。 (6)检测转向灯灯泡冷态电阻，应小于2Ω。	(1)转向灯线束连接器检查记录： ＿＿＿＿＿＿＿＿ (2)后部转向灯灯泡检查记录： ＿＿＿＿＿＿＿＿ (3)后部转向灯灯泡电阻检测记录及结果判断： ＿＿＿＿＿＿＿＿ (4)判断故障原因： ＿＿＿＿＿＿＿＿
3. 后部转向灯线路检测	(1)关闭点火开关，熄灭车外灯，断开左/右后部转向灯线束连接器。 (2)测试后部转向灯座搭铁电路与搭铁之间的电阻，应小于2Ω。 (3)测试后部转向灯搭铁电路端对端电阻，应小于2Ω。 (4)后部转向灯座控制电路与搭铁之间连接测试灯，打开点火开关，诊断仪激活转向灯点亮和熄灭，转向灯应点亮和熄灭。	□正确识读电路图 □正确使用万用表 □正确使用诊断仪 (1)转向灯座搭铁电路与搭铁电阻测量记录及结果判定： ＿＿＿＿＿＿＿＿ (2)转向搭铁电路端对端的电阻测量记录结果判定： ＿＿＿＿＿＿＿＿ (3)转向灯座控制电路跨接测试灯测试记录结果判定： ＿＿＿＿＿＿＿＿

续上表

步骤	操作方法及说明	质量标准及记录
3. 后部转向灯线路检测	(5)打开点火开关,测试转向灯控制电路端子和搭铁之间的电压,应等于电源电压。 (6)关闭点火开关,测试转向灯控制电路端子和搭铁之间的电阻,应为无穷大。 (7)关闭点火开关,测试转向灯控制电路端子端对端电阻,应小于2Ω	(4)转向灯控制电路与搭铁电压测量记录结果判定: (5)转向控制电路和搭铁之间的电阻测量记录结果判定: (6)转向控制电路端对端电阻测量记录结果判定: (7)判断故障原因:

4. 转向灯开关及线路故障诊断

转向灯开关及线路故障诊断操作方法及说明见表1-19。

转向灯开关及线路故障诊断操作方法及说明　　　　　　　表1-19

步骤	操作方法及说明	质量标准及记录
1. 诊断仪检测	(1) 连接诊断仪,打开点火开关。 (2) 当转向信号开关在左侧和右侧位置之间切换时,确认故障诊断仪的"Right Turn Signal Switch(右转向信号开关)"和"Left Turn Signal Switch(左转向信号开关)"参数在"Active(激活)"和"Inactive(未激活)"之间切换	□正确使用诊断仪 转向灯开关参数记录: _____ 检测结果判定: □正常　□异常
2. 转向灯开关搭铁线路检测	(1) 关闭点火开关,断开转向灯开关线束连接器。 (2) 测量转向灯开关搭铁电路端子和搭铁之间的电阻应小于2Ω。 (3) 测量转向灯开关搭铁电路端对端的电阻应小于2Ω	□正确识读电路图 □正确使用万用表 (1) 搭铁电路端子与搭铁电阻记录及结果判定: _____ (2) 搭铁电路端对端的电阻记录及结果判定: _____ (3) 判断故障原因: _____

续上表

步骤	操作方法及说明	质量标准及记录
3. 转向灯开关信号线路检测	（1）关闭点火开关，检查转向灯开关连接器，断开线束连接器。 （2）打开点火开关，测试转向灯开关信号电路与搭铁之间的电压应满足要求。 （3）关闭点火开关，断开蓄电池负极，断开车身模块线束连接器。 （4）测量转向灯开关信号电路端子与搭铁电阻应满足要求。 （5）测量转向灯开关信号电路端对端电阻应满足要求	□正确识读电路图 □正确使用万用表 （1）转向灯开关线束连接器检查记录： _____ （2）信号电路端子与搭铁之间的电压记录及结果判定： _____ _____ （3）信号电路端子与搭铁之间的电阻记录及结果判定： _____ （4）信号电路端对端电阻记录及结果判定： _____ （5）判断故障原因： _____

续上表

步骤	操作方法及说明	质量标准及记录
4.转向灯开关检测	(1)关闭点火开关,断开转向灯开关线束插头。 (2)测量转向灯开关关闭挡时,开关搭铁端子与左右转向信号端子间电阻应为无穷大。 (3)测量转向灯开关搭铁端子与左转向信号端子间电阻,在左转向打开挡位时电阻应小于2Ω。 (4)测量转向灯开关搭铁端子与右转向信号端子间电阻,在右转向打开挡位时电阻应小于2Ω	□正确识读电路图 □正确使用万用表 (1)关闭挡时,电阻测量记录及结果判定: _____ (2)左转向挡时,电阻测量记录及结果判定: _____ (3)右转向挡时,电阻测量记录及结果判定: _____

5. 危险警告灯开关及线路故障诊断

危险警告灯开关及线路故障诊断操作方法及说明见表1-20。

危险警告灯开关及线路故障诊断操作方法及说明 表1-20

步骤	操作方法及说明	质量标准及记录
1.诊断仪检测	(1)连接诊断仪,打开点火开关。 (2)查看故障诊断仪"Hazard Lamps Switch(危险警告灯开关)"参数为"Inactive(未激活)"/"Active(激活)"	□正确使用诊断仪 危险警告灯开关参数记录: _____

续上表

步骤	操作方法及说明	质量标准及记录
2. 危险警告灯开关搭铁线路检测	（1）关闭点火开关，断开危险警告灯开关线束连接器。 （2）测量危险警告灯开关搭铁电路端子和搭铁之间的电阻应小于2Ω。 （3）测量危险警告灯开关搭铁电路端对端的电阻应小于2Ω	□正确识读电路图 □正确使用万用表 （1）搭铁电路端子与搭铁电阻记录及结果判定： _____ （2）搭铁电路端对端的电阻记录及结果判定： _____ （3）判断故障原因： _____
3. 危险警告灯开关信号线路检测	（1）关闭点火开关，检查危险警告灯开关连接器，断开线束连接器。 （2）打开点火开关，测试危险警告灯开关信号电路与搭铁之间的电压应满足要求。	□正确识读电路图 □正确使用万用表 （1）超车灯开关线束连接器检查记录： _____ （2）信号电路端子与搭铁之间的电压记录及结果判定： _____

续上表

步骤	操作方法及说明	质量标准及记录
3. 危险警告灯开关信号线路检测	(3)关闭点火开关,断开蓄电池负极,断开车身模块线束连接器。 (4)测量危险警告灯开关信号电路端子与搭铁电阻应满足要求。 (5)测量危险警告灯开关信号电路端对端电阻应满足要求	(3)信号电路端子与搭铁之间的电阻记录及结果判定: _____ _____ (4)信号电路端对端电阻记录及结果判定: _____ _____ (5)判断故障原因: _____ _____

续上表

步骤	操作方法及说明	质量标准及记录
4. 危险警告灯开关检测	（1）关闭点火开关，断开前照灯开关线束连接器，拆下危险警告灯开关。 （2）危险警告灯开关在关闭挡时测量开关各针脚间电阻值应满足维修手册要求。 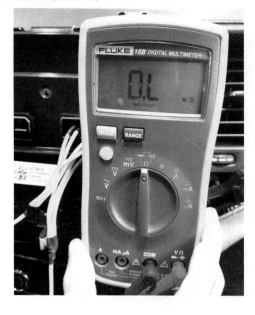 （3）危险警告灯开关在打开挡时测量开关各针脚间电阻值应满足维修手册要求	□正确识读电路图 □正确使用万用表 （1）关闭挡危险警告灯开关针脚电阻记录及结果判定： _____ _____ （2）打开挡危险警告灯开关针脚电阻记录及结果判定： _____ _____

6. 车身模块故障诊断

车身模块故障诊断操作方法及说明见表1-21。

车身模块故障诊断操作方法及说明　　　　　　　表1-21

步骤	操作方法及说明	质量标准及记录
1. 诊断仪检测	(1)连接诊断仪,打开点火开关。 (2)诊断仪读取故障码,有故障码参照故障码执行	□正确使用诊断仪 诊断仪读码记录: _____
2. 车身控制模块搭铁检测	(1)关闭点火开关,断开蓄电池负极。 (2)断开车身模块连接器。 (3)测试车身模块连接器搭铁端子与搭铁电阻应小于2Ω。 (4)测试车身模块搭铁线端对端电阻应小于2Ω。 (5)测试车身模块搭铁线末端与搭铁点之间电阻应小于2Ω	□正确识读电路图 □正确使用万用表 (1)车身模块搭铁端子对搭铁电阻记录及结果判定: _____ (2)车身模块搭铁线端对端电阻记录及结果判定: _____ (3)车身模块搭铁线末端与搭铁点电阻记录及结果判定: _____
3. 车身控制模块电源检测	(1)关闭点火开关,断开蓄电池负极。 (2)断开车身模块连接器。 (3)打开点火开关,测试车身模块连接器电源线端对搭铁电压应为电源电压。 (4)关闭点火开关,断开蓄电池负极,测试车身模块电源线端对搭铁电阻应为无穷大。 (5)测试车身模块电源线端对端电阻应小于2Ω	□正确识读电路图 □正确使用万用表 (1)车身模块电源线对搭铁电压记录及结果判定: _____ (2)车身模块电源线端对搭铁电阻记录及结果判定: _____ (3)车身模块电源线端对端电阻记录及结果判定: _____

续上表

步骤	操作方法及说明	质量标准及记录
4.通信网络检测	(1)关闭点火开关,断开蓄电池负极,断开车身模块连接器。 (2)连接好蓄电池负极,打开点火开关,测量车身模块连接器网络通信线 CAN-H 与 CAN-L 电压。 (3)关闭点火开关,断开蓄电池负极,测量车身模块网络通信线 CAN-H、CAN-L 与搭铁线之间电阻应为无穷大。 (4)关闭点火开关,断开蓄电池负极,测量车身模块网络通信线 CAN-H、CAN-L 与电源线之间电阻应为无穷大。 (5)关闭点火开关,断开蓄电池负极,断开与车身模块网络通信线相连接的模块连接器,测量车身模块网络通信线 CAN-H、CAN-L 端对端之间电阻应小于2Ω	□正确识读电路图 □正确使用万用表 (1)车身模块网络通信线 CAN-H 与 CAN-L 电压记录及结果判定: _____ (2)车身模块网络通信线 CAN-H 与 CAN-L 对搭铁电阻记录及结果判定: _____ (3)车身模块网络通信线 CAN-H 与 CAN-L 对电源电阻记录及结果判定: _____ (4)车身模块网络通信线 CAN-H 与 CAN-L 端对端电阻记录及结果判定: _____

四、评价反馈(表1-22)

评价表　　　　　　　　　　　　　表1-22

评分项目	评分内容及标准	分值(分)	得分(分)
学习目标	能明确本任务的知识、技能、素养目标,理解任务在工作中的重要程度	5	
工作任务分析	能清晰描述完成本次工作任务内容	2	
	能清晰描述完成本次工作任务需必备的技能与知识点	2	
有效信息获取	能描述转向灯作用与安装位置	3	
	能说出转向信号系统组成	2	
	能说出转向信号系统各组成部件功能及控制原理	3	
	能描述闪光器工作原理	3	
	能对转向灯控制电路分析	2	
	能说出转向灯不亮的故障现象	3	
	能分析转向灯常见故障原因	3	

续上表

评分项目	评分内容及标准	分值(分)	得分(分)
实施方案制订	能清晰地制订并填写转向灯不亮的故障诊断与排除的准备作业计划	5	
	能组织或协同工作小组成员,明确本次任务所需仪器设备、工具、材料的准备与清点,并准备记录	5	
	能组织或协同工作小组成员交流,优化检查方案并记录	5	
任务实施	车辆基本检查与故障现象确认	5	
	前部转向灯及线路故障诊断	7	
	后部转向灯及线路故障诊断	7	
	转向灯开关及线路故障诊断	8	
	危险警告灯开关及线路故障诊断	7	
	车身模块故障诊断	7	
任务评价	能通过本次任务实施,结合自己在实训过程中的表现,进行自我评价及自我反思并记录	3	
职业素养	遵守职业道德规范,诚实守信,尊重客户	2	
	具备良好的沟通能力和团队协作能力	2	
	遵守安全操作规程,具备安全意识	2	
	具备一丝不苟、精益求精的工匠精神	2	
思政要求	具备绿色环保、节能降碳的环保意识	1	
	具备严谨理性的工作作风,尊重事实和证据	1	
	有实证意识和严谨的求知态度	1	
	有精益求精的质量管控意识	1	
	具备热爱劳动、敬业奉献的劳动精神	1	
总计		100	

改进建议:

教师签字:
日期:

学习活动3　汽车雾灯工作不良故障诊断与排除

一、明确任务

根据任务描述,车主反映故障车辆在使用中发现雾灯不亮,需要对待修车辆雾灯主要部件进行检查与更换,使其恢复正常使用性能。

二、工作准备与计划制订

(一)知识准备

1. 雾灯分类

1)按照安装位置分类

按照安装位置不同,汽车雾灯分为前雾灯和后雾灯。

2)按照使用材料分类

按照雾灯使用光源不同,汽车雾灯分为_____、_____、_____。

2. 雾灯的作用和要求

1)前雾灯

汽车在雾、雪和大雨等恶劣气候条件下,或者在烟尘弥漫的环境中驶时,为了更清楚地照亮前方道路,保障行车安全,必须采用前雾灯照明。前雾灯一般为黄光,因为雾天能见度低,驾驶人视线受到限制,黄色的防雾灯光_____强,可提高驾驶人与周围交通参与者的能见度,使来车和行人能在较远处发现对方。

雾灯作用

前雾灯并不是必须安装的,有些车型并没有前雾灯,是因为车辆前照灯近光作用远远大于前雾灯的亮度,所以,没有前雾灯的车辆雾天行车可以用前照灯代替雾灯使用。如果车上安装有前雾灯,一般是两个左右对称安装在_____以下、车身最贴近地面的位置,以保证雾灯的作用,如果装的位置高了,灯光根本无法穿透雨雾照亮地面情况(雾气在1米以下一般比较稀薄),容易引起危险,前雾灯安装位置如图1-68所示。

雾灯结构

2)后雾灯

后雾灯是指在雾、雪、雨或尘埃弥漫等能见度较低的环境中,为使车辆后方其他道路交通参与者易于发现车辆的存在而安装在车辆尾部,发光强度是比尾灯更大的红色信号灯。从1999年1月1日起,国家公安部要求机动车必须安装符合国家标准的雾灯,未按规定安装后雾灯的机动车不准进入高速公路。后雾灯如果是两个,一般是左右对称安装在_____里;如果只有一个,必须安装在车辆_____,后雾灯安装位置如图 1-69 所示。

图 1-68　前雾灯安装位置　　　　图 1-69　后雾灯安装位置

3. 对雾灯的使用基本要求

雾灯的作用就是在雾天或者雨天,能见度受天气影响较大的情况下让其他车辆看见本车。针对不同的路面有不同的要求。

1) 高速公路使用

在高速公路上,能见度在 100～200m 时,必须开启雾灯,时速不超过_____ km/h,与前车保持间距_____ m 以上;能见度在 50～100m 时,要开启雾灯,时速不超过_____ km/h,与前车车距_____ m 以上;能见度低于 50m 时,公安交管部门将依照规定采取局部和全路段封闭高速公路的交通管制措施。

2) 城区道路使用

对在城区一般公路上并未做出相应规定,因为城区道路行驶本身由于各种车流混杂,车速并不快,加之各种路段的不同限速,即使没有安装雾灯,只要谨慎驾驶也能够避免由于_____带来的不利影响。

4. 雾灯符号和开关操作

1) 雾灯灯光符号

前雾灯符号左边是三个斜线,由一条弯曲的线穿过,右边是半椭圆形的图形,如图 1-70 所示。后雾灯符号左边是半椭圆形的图形,右边是三个横线,由一条弯曲的线穿过,如图 1-71 所示。

图 1-70　前雾灯灯光符号　　图 1-71　后雾灯灯光符号

2) 雾灯开关操作方法

汽车雾灯开关根据操作方式不同一般分为_____、_____。

(1) 按键式开关。

按键式开关操作是通过_____开启前、后雾灯,按键一般和前照灯开关组合在一起，按键上标有前、后雾灯符号。打开雾灯时，要求前照灯开关必须在_____、_____或_____，才能开启雾灯。安装前后雾灯的车辆，前雾灯可以_____开启，后雾灯必须在前雾灯开启后才能一起被开启点亮。只安装后雾灯的车辆，可以单独开启后雾灯，如图1-72所示。

图1-72　按键式雾灯开关

（2）旋钮式开关。

旋钮式雾灯开关，常见的开启方式有两种。一种是与转向盘下方左侧的_____集成在一起，如图1-73a）所示。操作时，先打开灯光开关处于示廓灯挡位或近光灯挡位，再旋转雾灯开关旋钮或拨动雾灯开关开启前雾灯挡位、后雾灯挡位，开启前后雾灯，同样前雾灯可以单独开启，后雾灯必须在前雾灯开启后才能一起被开启点亮。

另外一种旋钮式雾灯开关是和_____组合在一起，如图1-73b）所示。与按键式的区别是，前后雾灯需要向外拉出，有前后雾灯的拉出一档开启前雾灯，拉出两挡开启前后雾灯。此类型开关操作开启雾灯时首先将前照灯开关开启至示廓灯挡位或近光挡位，再操作雾灯开关。

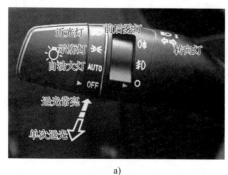

a)　　　　　　　　　　　　　　b)

图1-73　旋钮式雾灯开关

5. 雾灯控制电路分析

汽车雾灯电路根据控制方式不同，可以分为_____类型和_____类型。

1）继电器控制电路

以别克凯越的雾灯电路为例，通过对前后雾灯电路的分析来了解继电器控制电路的原理，电路图如图1-74所示。

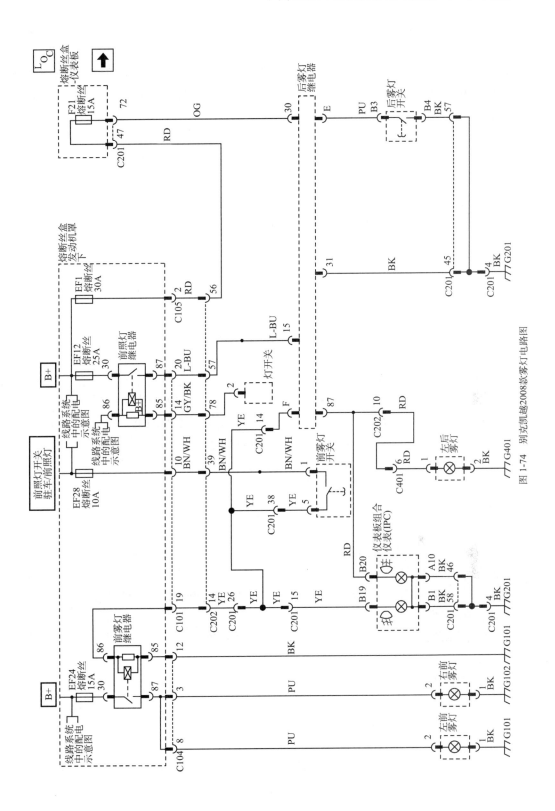

图 1-74 别克凯越2008款雾灯电路图

(1)前雾灯电路。

凯越前雾灯电路由_____、_____、_____、前雾灯、前雾灯指示灯等组成。当驻车灯或前照灯开启后,前雾灯开关闭合,前雾灯开关同时接通两条电路。一条是前雾灯继电器线圈电路,另一条是仪表上的前雾灯指示灯电路。前雾灯继电器线圈通电使继电器触点吸合,前雾灯工作电路随之导通,左右前雾灯灯泡一起点亮。

①前雾灯控制电路。

前雾灯控制电路的电流路径是:B +(前照灯开关闭合)→EF28→_____→前雾灯继电器 86→_____→前雾灯继电器 85→搭铁点 G101。

②前雾灯指示灯工作电路。

前雾灯指示灯工作电路电流路径是:B +(前照灯开关闭合)→EF28→_____→_____→搭铁点 G201。

③前雾灯工作电路。

前雾灯工作电路电流路径是:B +→EF24→前雾灯继电器 30→_____→前雾灯继电器灯 87→{ _____→搭铁点 G101。
_____→搭铁点 G102。

(2)后雾灯电路。

凯越后雾灯电路由熔断丝、后雾灯继电器、_____、_____、_____等组成。当驻车灯或前照灯开启,前雾灯开关闭合,后雾灯才能开启。后雾灯开关闭合时,灯开关接通后雾灯继电器线圈电路,后雾灯继电器线圈通电使继电器触点吸合,后雾灯工作电路和后雾灯指示灯电路随之导通,后雾灯灯泡点亮。

①后雾灯指示灯工作电路。

后雾灯指示灯工作电路电流路径是:_____→仪表(后雾灯指示灯)→搭铁点 G201。

②后雾灯工作电路。

后雾灯工作电路电流路径是:_____→_____→搭铁点 G401。

2)模块控制电路

以别克威朗雾灯电路为例,通过对前雾灯电路的分析来了解模块控制电路的原理。电路图如图 1-75 所示。

模块控制的雾灯电路组成一般包括电源、雾灯开关、_____、_____、雾灯、车身模块等。

威朗前雾灯电路如图 1-75 所示。前雾灯电路分为两部分,一部分是_____电路,告诉车身电脑前雾灯开关开启信号;另一部分是_____电路,前雾灯继电器线圈通电,前雾灯继电器触点闭合,前雾灯通电点亮。

①前雾灯信号电路。

车身控制模块 K9 端子 X3/4→前照灯开关 S30 端子 1→前照灯开关 S30 端子 12→车身控制模块 K9 端子 X1/9→内部下拉电阻→搭铁。

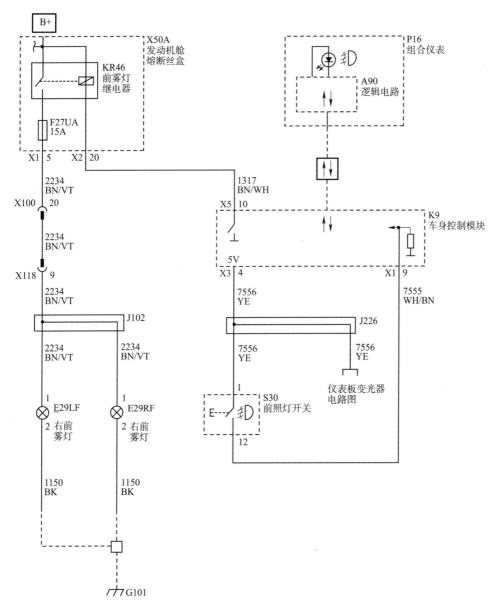

图1-75 别克威朗前雾灯电路图

前雾灯开关断开时,前雾灯开关信号控制端子X1/9通过下拉电阻与搭铁相同,显示低电平信号;雾灯开关闭合时,前雾灯开关信号控制端子与车身模块端子X3/4相通,接通5V高电位信号,此时车身模块收到前雾灯开关接通请求信号。

②前雾灯工作电路。

车身模块控制端子X5/10搭铁,接通前雾灯继电器KR46线圈电路,前雾灯继电器KR46线圈通电,KR46继电器触点吸合,前雾灯工作电路接通,电流路径如下:

B+→_____→前雾灯熔断丝F27UA→_____→插接器

X100/20→_____→左/右前雾灯→_____。

③前雾灯指示灯电路。

车身控制模块接受前雾灯开关接通信号以后,车身模块将该信息通过_____传递给组合仪表,组合仪表控制前雾灯指示灯点亮。

6．雾灯电路常见故障

雾灯常见故障现象有前雾灯不亮、单侧前雾灯不亮、前雾灯常亮、后雾灯不亮、后雾灯常亮等。表格1-23中列出了雾灯电路常见故障及可能的故障原因。

雾灯常见故障及原因分析 表1-23

故障现象		列举可能的故障原因
雾灯不亮	单侧前雾灯不亮	单侧前雾灯灯泡、前雾灯供电线及前雾灯搭铁线
	后雾灯不亮	后雾灯开关、车身模块、后雾灯继电器、后雾灯泡、后雾灯熔断丝及相关线路
	两侧前雾灯均不亮	熔断丝、车身模块、前雾灯继电器、前雾灯开关、前雾灯灯泡及相关线路
雾灯常亮	前雾灯常亮	前雾灯继电器、前雾灯开关、车身模块及相关线路
	后雾灯常亮	后雾灯继电器、后雾灯开关、车身模块及相关线路

（二）制订工作方案

根据任务描述的故障现象,查阅维修手册等资料,制订一份尽可能详细的汽车雾灯不亮的故障诊断与排除解决方案。

1．任务分工(表1-24)

学生任务分配表 表1-24

班级		组号		指导老师	
组长		任务分工			
组员1		任务分工			
组员2		任务分工			
组员3		任务分工			
组员4		任务分工			
组员5		任务分工			
组员6		任务分工			

2．工量具、仪器设备与耗材准备

(1)使用的工量具有：_____。

(2)使用的仪器设备有：_____。

(3)使用的耗材有：_____。

3.具体方案描述

_____
_____
_____

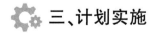
三、计划实施

(一)安全注意事项及技能要点

1.安全注意事项

(1)拆卸前保险杠时需要两位技术人员合作。

(2)拆卸前雾灯时小心将保险杠蒙皮向外拉出,并使用塑料工具将固定凸舌从前保险杠蒙皮外导板上松开。拆卸蒙皮时要小心,若强行用力,则蒙皮可能被扯破。

(3)拆卸前雾灯盖的时候要从内侧向外侧撬,稍稍用劲就可以逐个扣子打开,用一个一字起就可以,为防止划伤车漆可以在头上包上一层薄布。

(4)为保护装饰板,使用平刃塑料工具拆卸行李舱盖内板装饰件固定件。

(5)拆卸电池时,不要推挤端子,不要强行用力撬动电池,不要用湿手触摸电池。

(6)拆卸电器元件连接器时,需关闭点火开关、断开蓄电池负极端子。

(7)更换灯泡时检修人员应避免用手直接接触灯泡表面,以免在灯泡上留下油脂。若灯泡上有油脂,会使灯泡照明模糊,油脂旁的温度高于其他地方还有可能会使灯泡因受热不均而破裂。

(8)重新连接蓄电池负极端子时,需对某些系统初始化,重新调整时钟、收音机等。

(9)拆卸后雾灯灯座时,应将灯座向逆时针方向旋转四分之一圈并拆下。

(10)要更换的灯泡应根据灯泡的功率进行选择。

2.技能要点

(1)操作前做好个人防护、车辆防护,注意操作中的安全防护。

(2)正确校准万用表,正确选用万用挡位及表笔连接。

(3)规范使用诊断仪读取故障码、数据流,正确使用诊断仪进行执行器动作测试。

(4)规范使用试灯,跨接检测线路中的电源与搭铁情况。

(5)规范测量导线电阻。

(6)正确识读电路图,识别电路符号。

(7)会分析使用维修手册。

(8)能根据故障码,查阅维修手册相关诊断流程。

(9)会正确检测继电器,判断继电器可用性。

(二)雾灯基本检查及故障现象确认

查阅维修手册,以当前主流车型车身模块控制的前雾灯电路为例,完成故障车辆前雾灯不亮故障诊断与排除过程记录。

1. 雾灯基本检查及故障现象确认

雾灯基本检查及故障现象确认操作方法及说明见表1-25。

雾灯基本检查及故障现象确认操作方法及说明　　　　　　　　　表1-25

步骤	操作方法及说明	质量标准及记录
1. 车辆安全防护	(1)安装车内防护三件套。 (2)安装车外防护三件套。 (3)安装车轮挡块	□完成　□未完成 □完成　□未完成 □完成　□未完成
2. 维修车辆信息登记	(1)记录车辆号码。 (2)记录车辆VIN码。 (3)记录车辆行驶里程。 (4)记录维修车辆燃油液位	□完成　□未完成 车辆号牌记录： _____ □完成　□未完成 车辆VIN码记录： _____ □完成　□未完成 车辆行驶里程记录： _____ □完成　□未完成 车辆燃油液位记录： _____
3. 环车基本检查	(1)车辆外观基本检查。 (2)发动机舱基本检查	□完成　□未完成 外观异常记录： _____ □完成　□未完成 发动机舱异常记录： _____
4. 车辆灯光功能检查	灯光功能检查	□完成　□未完成 灯光检查异常情况记录： _____ _____ _____

汽车灯光不亮故障诊断与排除 | 学习任务一

续上表

步骤	操作方法及说明	质量标准及记录
5.车辆故障码及数据流读取记录	(1)记录雾灯相关故障码。 (2)记录雾灯相关数据流	□完成　□未完成 故障码记录： _____ _____ □完成　□未完成 数据流记录： _____ _____

2.前雾灯熔断丝、继电器故障诊断

前雾灯熔断丝、继电器故障诊断操作方法及说明见表1-26。

前雾灯熔断丝、继电器故障诊断操作方法及说明　　　　表1-26

步骤	操作方法及说明	质量标准及记录
1.熔断丝检测	(1)打开前雾灯,测试前雾灯熔断丝输入端电压情况,应为电源电压。 (2)打开前雾灯,测试前雾灯熔断丝输出端电压情况,应为电源电压。 (3)关闭点火开关,关闭前雾灯,使用熔断丝拔出器取下前雾灯熔断丝。 (4)检查熔断丝规格和外观应符合要求。 (5)万用表测试熔断丝电阻,应小于1Ω	□正确识读电路图 □正确使用万用表 (1)前雾灯熔断丝输入端电压测试及结果判定： _____ (2)前雾灯熔断丝输出端电压测试及结果判定： _____ (3)熔断丝规格及外观检查记录： _____ (4)熔断丝电阻记录及结果判定： _____

83

续上表

步骤	操作方法及说明	质量标准及记录
2.继电器检测	(1)关闭点火开关。 (2)拔下前雾灯继电器。 (3)测量继电器线圈端子间电阻应符合维修手册要求。 (4)测量继电器触点端子间电阻应符合维修手册要求。 (5)继电器线圈通电加载,测量继电器触点端子间电阻应符合维修手册要求	□正确识读电路图 □正确使用万用表 (1)继电器线圈端子间电阻记录及结果判定: _____ (2)继电器触点端子间电阻记录及结果判定: _____ (3)继电器加载测试触点端子间电阻记录及结果判定: _____

3.前雾灯及线路故障诊断

前雾灯及线路故障诊断操作方法及说明见表1-27。

前雾灯及线路故障诊断操作方法及说明　　　　　　　　　　　　　　表 1-27

步骤	操作方法及说明	质量标准及记录
1. 诊断仪检测	(1) 连接诊断仪，打开点火开关。 (2) 当用故障诊断仪指令"前雾灯"点亮和熄灭时，确认前雾灯点亮和熄灭	□正确使用诊断仪 前雾灯动作测试记录： _____ 测试结果判定： □正常　□异常
2. 前雾灯灯泡检测	(1) 关闭点火开关，熄灭车外灯。 (2) 检查前雾灯线束连接器连接情况。 (3) 断开左/右前雾灯的线束连接器。 (4) 拆卸左、右前雾灯灯泡。 (5) 检查前雾灯灯泡外观情况。 (6) 检测前雾灯灯泡冷态电阻，应小于 2Ω	(1) 前雾灯线束连接器检查记录： _____ (2) 前雾灯灯泡外观检查记录： _____ (3) 前雾灯灯泡电阻检测记录及结果判断： _____ (4) 判断故障原因： _____
3. 前雾灯线路检测	(1) 关闭点火开关，熄灭车外灯，断开左/右前雾灯线束连接器。 (2) 测试前雾灯座搭铁电路与搭铁之间的电阻，应小于 2Ω。 (3) 测试前雾灯搭铁电路端对端电阻，应小于 2Ω。	□正确识读电路图 □正确使用万用表 □正确使用诊断仪 (1) 前雾灯座搭铁电路与搭铁电阻测量记录及结果判定： _____ (2) 前雾灯搭铁电路端对端的电阻测量记录结果判定： _____

续上表

步骤	操作方法及说明	质量标准及记录
3. 前雾灯线路检测	(4)前雾灯座控制电路与搭铁之间连接测试灯,打开点火开关,诊断仪激活前雾灯点亮和熄灭,前雾灯应点亮和熄灭。 (5)打开点火开关,测试前雾灯控制电路端子和搭铁之间的电压,应等于电源电压。 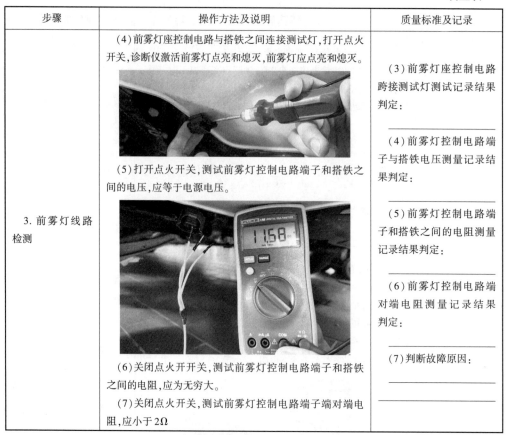 (6)关闭点火开关,测试前雾灯控制电路端子和搭铁之间的电阻,应为无穷大。 (7)关闭点火开关,测试前雾灯控制电路端子对端电阻,应小于2Ω	(3)前雾灯座控制电路跨接测试灯测试记录结果判定: _____ (4)前雾灯控制电路端子与搭铁电压测量记录结果判定: _____ (5)前雾灯控制电路端子和搭铁之间的电阻测量记录结果判定: _____ (6)前雾灯控制电路端对端电阻测量记录结果判定: _____ (7)判断故障原因: _____

4. 前雾灯开关及线路故障诊断

前雾灯开关及线路故障诊断操作方法及说明见表1-28。

前雾灯开关及线路故障诊断操作方法及说明　　　　　表1-28

步骤	操作方法及说明	质量标准及记录
1. 前雾灯开关参数读取与记录	(1)连接诊断仪,打开点火开关。 (2)使用前雾灯开关指令前雾灯点亮和熄灭时,确认故障诊断仪"Front Fog Lamps Switch(前雾灯开关)"参数在"Active(激活)"和"Inactive(未激活)"之间切换	□正确使用诊断仪 前雾灯闪光开关参数记录: _____ 测试结果判定: □正常　□异常

续上表

步骤	操作方法及说明	质量标准及记录
2. 前雾灯开关电源线路检测	(1)关闭点火开关,检查前雾灯开关连接器,断开线束连接器。 (2)打开点火开关,测试前雾灯开关电源电路与搭铁之间的电压应满足维修手册要求。 (3)关闭点火开关,断开蓄电池负极,断开车身模块线束连接器。 (4)测量前雾灯开关电源电路端子与搭铁电阻应满足维修手册要求。 (5)测量前雾灯开关电源电路端对端电阻应满足维修手册要求	□正确识读电路图 □正确使用万用表 (1)前雾灯开关线束连接器检查记录: _____ (2)电源电路端子与搭铁之间的电压记录及结果判定: _____ (3)电源电路端子与搭铁之间的电阻记录及结果判定: _____ (4)电源电路端对端电阻记录及结果判定: _____ (5)判断故障原因: _____

续上表

步骤	操作方法及说明	质量标准及记录
3. 前雾灯开关信号线路检测	(1)关闭点火开关,断开前雾灯开关线束连接器。 (2)测量前雾灯开关搭铁电路端子和搭铁之间的电阻应小于2Ω。 (3)测量前雾灯开关搭铁电路端对端的电阻应小于2Ω	□正确识读电路图 □正确使用万用表 (1)搭铁电路端子与搭铁电阻记录及结果判定: _____ (2)搭铁电路端对端的电阻记录及结果判定: _____ (3)判断故障原因: _____
4. 前雾灯开关检测	(1)关闭点火开关,断开前雾灯开关线束连接器,拆下前雾灯开关。 (2)前雾灯开关在关闭挡时测量开关各针脚间电阻值应满足维修手册要求。 (3)前雾灯开关在打开挡时测量开关各针脚间电阻值应满足维修手册要求	□正确识读电路图 □正确使用万用表 (1)关闭挡位开关针脚电阻记录及结果判定: _____ (2)打开挡位开关针脚电阻记录及结果判定: _____

5. 车身模块故障诊断

车身模块故障诊断操作方法及说明见表1-29。

车身模块故障诊断操作方法及说明　　　　　　　　　　　　　表 1-29

步骤	操作方法及说明	质量标准及记录
1.诊断仪检测	(1)连接诊断仪,打开点火开关。 (2)诊断仪读取故障码,有故障码参照故障码执行	□正确使用诊断仪 诊断仪读码记录: _____
2.车身控制模块搭铁检测	(1)关闭点火开关,断开蓄电池负极。 (2)断开车身模块连接器。 (3)测试车身模块连接器搭铁端子与搭铁电阻应小于2Ω。 (4)测试车身模块搭铁线端对端电阻小于2Ω。 (5)测试车身模块搭铁线末端与搭铁点之间电阻应小于2Ω	□正确识读电路图 □正确使用万用表 (1)车身模块搭铁线对搭铁电阻记录及结果判定: _____ (2)车身模块搭铁线端对端电阻记录及结果判定: _____ (3)车身模块搭铁线末端与搭铁点电阻记录及结果判定: _____
3.车身控制模块电源检测	(1)关闭点火开关,断开蓄电池负极。 (2)断开车身模块连接器。 (3)打开点火开关,测试车身模块连接器电源线端子对搭铁电压应为电源电压。 (4)关闭点火开关,断开蓄电池负极,测试车身模块电源线端对搭铁电阻应为无穷大。 (5)测试车身模块电源线端对端电阻应小于2Ω	□正确识读电路图 □正确使用万用表 (1)车身模块电源线对搭铁电压记录及结果判定: _____ (2)车身模块电源线对搭铁电阻记录及结果判定: _____ (3)车身模块电源线端对端电阻记录及结果判定: _____
4.通信网络检测	(1)关闭点火开关,断开蓄电池负极,断开车身模块连接器。	□正确识读电路图 □正确使用万用表

续上表

步骤	操作方法及说明	质量标准及记录
4.通信网络检测	(2)连接好蓄电池负极,打开点火开关,测量车身模块连接器网络通信线 CAN-H 与 CAN-L 电压。 (3)关闭点火开关,断开电池负极,测量车身模块网络通信线 CAN-H、CAN-L 与搭铁线之间电阻应为无穷大。 (4)关闭点火开关,断开蓄电池负极,测量车身模块通信线 CAN-H、CAN-L 与电源线之间电阻应为无穷大。 (5)关闭点火开关,断开蓄电池负极,断开与车身模块网络通信线相连接的模块连接器,测量车身模块网络通信线 CAN-H、CAN-L 端对端之间电阻应小于2Ω	(1)车身模块网络通信线 CAN-H 与 CAN-L 电压记录及结果判定: _____ (2)车身模块网络通信线 CAN-H 与 CAN-L 对搭铁电阻记录及结果判定: _____ (3)车身模块网络通信线 CAN-H 与 CAN-L 对电源电阻记录及结果判定: _____ (4)车身模块网络通信线 CAN-H 与 CAN-L 端对端电阻记录及结果判定: _____

四、评价反馈(表1-30)

评价表　　　　　　　　　　　　　　　　　表1-30

评分项目	评分内容及标准	分值(分)	得分(分)
学习目标	能明确本任务的知识、技能、素养目标,理解任务在工作中的重要程度	5	
工作任务分析	能清晰描述完成本次工作任务内容	2	
	能清晰描述完成本次工作任务需必备的技能与知识点	2	
有效信息获取	能分别描述前后雾灯的作用	2	
	能分别操作前后雾灯开关	2	
	能描述法规对雾灯要求	2	
	能识读雾灯电路图并进行故障分析	4	
实施方案制订	能清晰地制订并填写汽车前雾灯不亮故障诊断与排除的准备作业计划	5	
	能组织或协同工作小组成员,明确本次任务所需仪器设备、工具、材料的准备与清点,并准备记录	5	
	能组织或协同工作小组成员交流,优化检查方案并记录	5	

续上表

评分项目	评分内容及标准	分值(分)	得分(分)
任务实施	雾灯基本检查及故障现象确认	10	
	前雾灯熔断丝、继电器故障诊断	10	
	前雾灯及线路故障诊断	10	
	前雾灯开关及线路故障诊断	10	
	车身模块故障诊断	10	
任务评价	能通过本次任务实施,结合自己在实训过程中的表现,进行自我评价及自我反思并记录	3	
职业素养	遵守职业道德规范,诚实守信,尊重客户	2	
	具备良好的沟通能力和团队协作能力	2	
	遵守安全操作规程,具备安全意识	2	
	具备一丝不苟、精益求精的工匠精神	2	
思政要求	具备绿色环保、节能降碳的环保意识	1	
	具备严谨理性的工作作风,尊重事实和证据	1	
	有实证意识和严谨的求知态度	1	
	有精益求精的质量管控意识	1	
	具备热爱劳动、敬业奉献的劳动精神	1	
总计		100	

改进建议:

教师签字:
日期:

任务习题

一、单选题

1. 下列关于前照灯的描述错误的说法是(　　)。

　　A. 前照灯安装于车辆头部两侧

　　B. 前照灯应具有远近光切换功能

　　C. 前照灯用于车辆夜间行驶或光线不足时提供道路照明

　　D. 前照灯不考虑防眩目要求

2. 前照灯灯泡常用的接口形式不包括( )。
   A. H1　　　　　B. H4　　　　　C. H5　　　　　D. H7
3. 前照灯分类说法错误的是( )。
   A. 前照灯按照数量不同分为两灯制和四灯制
   B. 前照灯按照结构分为封闭式和半封闭式
   C. 前照灯按照灯源不同分为卤素前照灯,LED 前照灯,氙气前照灯,激光前照灯
   D. 前照灯照灯控制不同分为投射式前照灯,反射式前照灯。
4. 前照灯的控制电路组成不包括( )。
   A. 前照灯总成　　　　　　　　B. 灯光开关
   C. 变光开关　　　　　　　　　D. 转向盘
5. 屏幕法检测前照灯灯光光束位置时,要求车辆与屏幕的距离时( )。
   A. 10 米　　　　　B. 5 米　　　　　C. 3 米　　　　　D. 1 米
6. 控制转向灯的闪烁的部件是( )。
   A. 转向灯开关　　　　　　　　B. 闪光继电器
   C. 前照灯继电器　　　　　　　D. 危险警告灯开关
7. 转向的闪烁的频率一般是每分钟( )。
   A. 30 次　　　　　　　　　　　B. 30~60 次
   C. 60~120 次　　　　　　　　　D. 120 次
8. 为提高雨雾天气灯光光线的穿透性,前雾灯一般使用( )颜色。
   A. 黄色　　　　　B. 白色　　　　　C. 红色　　　　　D. 蓝色
9. 汽车常见的闪光继电器不包括( )。
   A. 电容式　　　　　　　　　　B. 翼片式闪光器
   C. 电子式闪光器　　　　　　　D. 开关式
10. 汽车前照灯控制电路的控制形式说法错误的是( )。
    A. 开关控制继电器线圈搭铁　　B. 开关控制继电器线圈电源
    C. 模块控制继电器　　　　　　D. 模块控制继电器电源

二、判断题

1. 前照灯的配光光型采用非对称光型或 Z 型光型主要的目的是为了防止前照灯造成炫目,影响对向驾驶人行车安全。( )
2. 前照灯光源类型中卤素灯泡、LED 灯泡、氙气灯泡的功率一样,只是发光强度不同。( )
3. 前照灯的控制一般包含近光控制、远光控制、超车灯控制、自动前照灯控制。( )
4. 前照灯控制方式一般分为继电器控制、模块控制。( )
5. 前照灯开关类型有旋转式和组合开关式两种。( )
6. 单只转向灯泡出现故障时,同侧的转向灯闪烁频率会加快一倍。( )

7. 采用四灯制的机动车其中两只对称的灯达到两灯制的要求时视为合格。
（　　）

8. 危险警告灯的工作应不受点火开关的操纵控制。（　　）

9. 安装前后雾灯的车辆，可以单独开启前雾灯或后雾灯。（　　）

10. 雾灯控制电路一般由电源、雾灯保险、雾灯继电器、雾灯开关、车身模块等组成。（　　）

三、实操练习题

1. 就车完成前照灯灯泡更换与检查。

（1）前照灯灯泡更换。

（2）前照灯灯泡检查。

2. 就车完成转向灯检查与更换。

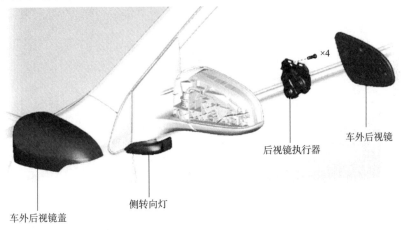

（1）前部转向灯的灯泡拆卸。

(2)侧转向灯灯泡拆卸。

(3)后转向灯灯泡拆卸。

(4)转向灯检查。

(5)更换转向灯注意事项。

学习任务二
汽车防盗系统工作异常故障诊断与排除

学习目标

1. 知识目标

（1）能描述车辆安全防盗系统的主要功能、组成及工作原理。

（2）能叙述车辆防盗警报系统失灵故障诊断与排除的注意事项。

（3）能叙述无钥匙进入系统的主要功能、组成及工作原理。

（4）能叙述车辆无钥匙进入系统失效故障诊断与排除的注意事项。

（5）能描述发动机防盗系统主要功能、组成及工作原理。

（6）能叙述汽车发动机防盗指示灯点亮故障诊断与排除的注意事项。

2. 技能目标

（1）能按照维修接待工作规范和专业问诊法与客户进行有效沟通，获取有效信息，结合所学知识和经验，采用故障再现的方法，确认汽车防盗系统工作异常故障现象，明确工作任务和技术要求。

（2）能按照故障诊断技术规范标准，参照维修手册、维修资料和前期获取的相关信息，通过故障树、鱼骨图等方法，综合分析故障原因。

（3）能正确制订故障诊断方案。

（4）能根据故障诊断方案，正确使用检测设备仪器，通过数据分析处理、零部件替换等方式方法，在规定的时间内完成汽车防盗系统工作异常维修。

（5）能根据客户确认的修复方案，正确选择配件和耗材，正确使用工具及设备，实施维修作业。

（6）能按行业检验标准对维修作业质量进行自检，在维修工单上填写自检结果、检修建议等信息并签字确认后，交付班组长检验。

（7）能展示故障诊断的技术要点，总结工作经验，分析不足，提出改进措施。

3. 素养目标

（1）能同资料管理员、工具管理员、配件管理员、班组长和车间主管等相关人员进行有效沟通，做好作业前的准备。

（2）能从汽车维修质量、经济性、客户需求等角度制订修复方案。

（3）能在故障诊断过程中保持严谨理性的工作作风，尊重事实和证据，有实证意识和严谨的求知态度。

（4）能在维修作业中具有精益求精的质量管控意识。

（5）能在学习过程中培养较强的协调沟通和解决问题等通用能力，以及艰苦奋斗和勇于创新的劳模精神，热爱劳动和辛勤劳动的劳动精神、精益求精的工匠精神。

（6）能对维修场地设备进行日常维护保养，遵循"8S"管理规定。

（7）能规范进行垃圾分类处理，废弃物循环利用，培养绿色环保、节能降碳的环保意识。

参考学时

60 学时。

任务描述

一辆汽车进厂维修，客户反映发动机无法起动、防盗指示灯亮，需要对其进行检修。

学习活动1　车辆防盗警报系统失灵故障诊断与排除

一、明确任务

根据任务描述，车主反映该车在使用中发现汽车遥控器能正常上锁和解锁车门，但上锁后，非法打开任意一个车门，喇叭不鸣响，灯光不闪烁。需要对车辆防盗警报系统进行检查与更换，使其恢复正常使用性能。

二、工作准备与计划制订

（一）知识准备

1. 安全防盗系统主要功能

大多数车辆的防盗系统都包括_____和_____。安全防盗系统用于防止车内物品被盗，该系统不影响发动机的正常起动。而车辆防盗系统则通过禁止发动机起动，来达到车辆防盗的目的。

安全防盗系统可以用_____实现4个车门的上锁和4个车门与后行李舱盖的开锁以及寻车功能。该系统还可以实现车门_____和行李舱盖_____、

_____、_____等功能,并具有自我诊断功能。

寻车功能是指按下遥控器的_____按钮,车身控制模块指令转向灯闪烁两次来指示车辆位置,便于车主寻找车辆。

车门自动上锁功能是指按下遥控器的_____按钮 30s 内当车门或行李舱盖没有被打开时,车门自动实现重新上锁。

行李舱盖自动上锁功能是指行李舱盖在关闭时,车身控制模块指令行李舱盖自动上锁。而不需要用钥匙转动行李舱盖锁芯上锁。

防盗报警功能是指该系统进入防盗状态后,当非法开启任一车门、行李舱盖或发动机舱盖,以及非法接通点火开关时,车身控制模块指令报警喇叭鸣叫,同时指转向灯闪烁以实现报警。

转向灯光提示功能是指当按压遥控器上的按钮时,伴随着转向灯闪烁,以提示相应功能正被执行。例如,按压遥控器的"LOCK"按钮时,转向灯闪一次,以提示该系统正在执行_____功能;而按压遥控器的"UNLOCK"按钮时,转向灯闪两次,以提示该系统正在执行_____功能。

2. 安全防盗系统的组成

安全防盗系统的组成部件主要包括:_____、_____、车身控制模块、_____、行李舱盖开关、_____、_____和_____和遥控钥匙,其部件位置如图 2-1 所示。

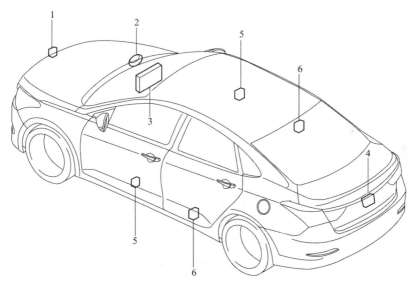

图 2-1 安全防盗系统的组成

1-发动机舱盖开关;2-安全指示灯;3-车身控制模块与遥控门锁接收器模块;4-行李舱盖开关;5-前车门门锁执行器和车门开关;6-后车门门锁执行器和车门开关

1)车身控制模块

车身控制模块是安全防盗系统的主控制模块。车身控制模块用于对遥控钥匙进行_____,并接收遥控钥匙的控制指令,以启用或解除安全防盗系统。此外,车身控制模块还监测各开关的_____,以决定是否激活安全防盗系统的报警功能。别克威朗车身控制模块电路图,如图2-2所示。

2)遥控门锁接收器模块

遥控门锁接收器模块安装在车内后视镜底座上,接收来自遥控钥匙的车门上锁或解锁指令,并将该指令通过_____专线发送给车身控制模块。

3)安全指示灯

车辆安全指示灯共有两处,分别为仪表安全指示灯和仪表台安全指示灯。

(1)仪表安全指示灯:位于组合仪表内。该安全指示灯只有在点火开关置于_____位置,且_____或车辆防盗系统启用时,才会由组合仪表控制点亮。

(2)仪表台安全指示灯:位于仪表台中央,与_____集成在一起。该安全指示灯只有在点火开关置于_____位置,且安全防盗系统启用时才工作。此外,仪表台安全指示灯的工作状态可以指示安全防盗系统当前的工作模式。

4)遥控钥匙

遥控钥匙可以对车门或行李舱执行_____或_____操作。

遥控钥匙发射器是车辆钥匙不可分割的一部分。当遥控钥匙发射器上相应的按钮按下时,遥控钥匙发射器将解锁/打开车门或打开/解锁行李舱。这是通过由遥控钥匙发射器向遥控车门锁接收器发射无线电频率实现的,然后遥控车门锁接收器将信号发送至车身控制模块(BCM)。车身控制模块解释该信号,并启动所请求的功能。发射器蓄电池电量过低或受到来自售后加装设备(如双声道收音机、电源逆变器、车载电话充电器、计算机等)的无线电频率(RF)的干扰,可导致系统故障。在无线电频率通信量较大的区域,例如使用无线电频率收发器刷卡付费的加油站,产生的干扰也可导致遥控钥匙无法解锁。

5)车门开关

车窗电机或车窗开关向相应的车门开关信号电路提供_____V信号。车门开关与每个车门锁闩总成集成一体,驾驶人车门开关是驾驶人车门锁闩总成的一部分。当打开车门时,常开车门开关关闭。当车门开关关闭时,向车门开关信号电路提供搭铁且信号电路的电压_____。车窗电机或车窗开关将检测压降和发送串行数据信息至车身控制模块,然后车身控制模块发送信息至仪表板组合仪表以指令车门打开信息。别克威朗车门开关和指示灯电路图如图2-3所示。

车身控制模块通过监测每个车门开关的_____来确定车门的当前状态。当安全防盗系统启用时,如果车身控制模块收到_____的信号,则启动警报。

6)发动机舱盖开关

车身控制模块通过监测发动机舱盖开关的_____来确定发动机舱盖的当前状态。当安全防盗系统启用时,如果车身控制模块收到发动机舱盖已被打开的信号,则启动警报。

汽车防盗系统工作异常故障诊断与排除 | 学习任务二

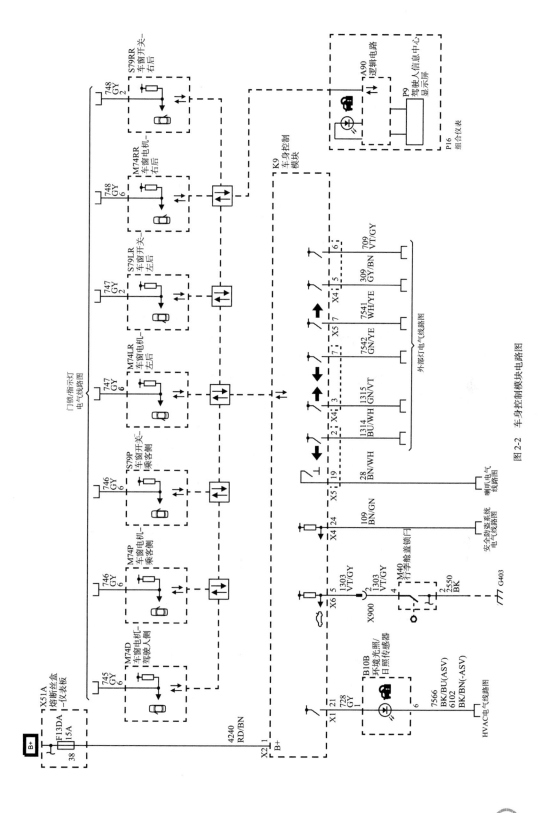

图 2-2 车身控制模块电路图

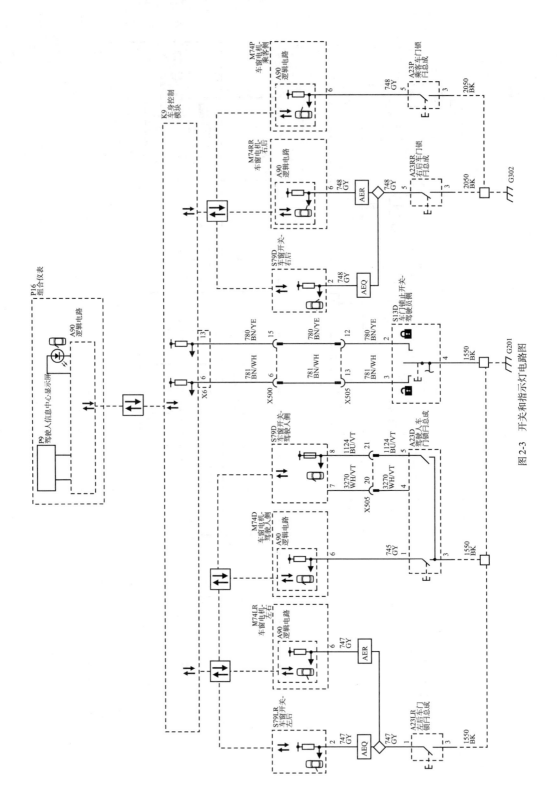

图 2-3 开关和指示灯电路图

7)行李舱盖开关

车身控制模块（BCM）向行李舱盖开关信号电路提供_____ V 电压信号。行李舱盖锁闩释放行李舱盖后,向行李舱盖开关(在行李舱盖锁闩内)提供搭铁,导致行李舱开关信号电路被拉低。车身控制模块处理此信号,并通过_____与驾驶人信息中心进行通信,显示 Trunk Open(行李舱打开)信息。别克威朗行李舱盖开关和指示灯电路图如图2-4 所示。

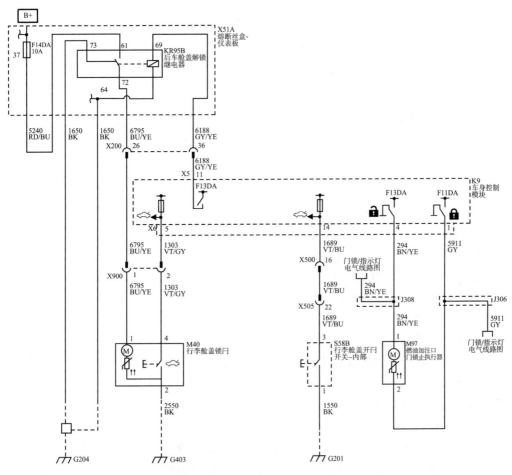

图 2-4　行李舱盖开关和指示灯电路图

车身控制模块通过监测行李舱_____的状态信号来确定行李舱盖的当前状态。当安全防盗系统启用时,如果车身控制模块收到行李舱已被打开的信号,则启动警报。

3.安全防盗系统的工作原理

在安全防盗系统启用时,如果车身控制模块监测到车辆有非法侵入,就会触发防盗报警系统:会触发_____、_____、_____等提示。安全防盗系统的控制原理如图2-5 所示。

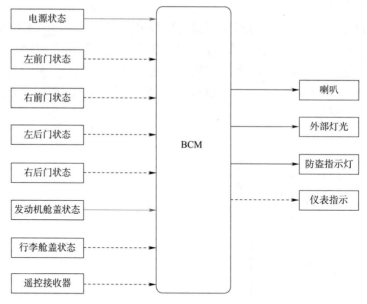

图 2-5　安全防盗系统的控制原理

安全防盗系统在车身控制模块的控制下,有五个基本的运行模式,依次为:_____、_____、_____、_____和_____。

1)待机模式

将点火开关置于 OFF 位置,按下遥控钥匙上的上锁按钮。若此时有车门未关,则安全防盗系统将进入待机模式。车身控制模块将点亮位于仪表台中央的安全指示灯使其点亮并快速闪烁。

2)延迟模式

当最后一扇车门关闭后,若使用遥控钥匙上锁时,只按一次上锁按钮或使用钥匙通过左前车门锁芯上锁,车身控制模块将使系统进入_____模式,并持续点亮位于仪表盘中的安全指示灯。

3)启用模式

若连续两次按下遥控钥匙的上锁按钮或经过 30s 延迟模式以后,车身控制模块将进入启用模式。进入启用模式后,安全指示灯将由快速闪烁转换成慢速闪烁,此时,通过车内门锁开关将无法解除安全防盗系统。由于车身控制模块中存储了安全防盗系统工作模式的各种状态,因此,无论断开蓄电池还是拔出熔断丝都不能解除车辆安全防盗系统的启用模式。

4)警报模式

当车身控制模块监测到车辆受到非法侵入时,会立即进入警报模式。车身控制模块激活_____并点亮转向灯 30s,30s 警报过后,车辆将进入 3min 倒计时。如果_____这段时间内没有再次监测到非法侵入,车辆将退出警报模式,否则将再次报警。

5)解除模式

使用有效钥匙将点火开关转到_____位置或按下遥控钥匙上的解锁按钮即可解除警报。

4.车辆防盗警报系统故障原因分析

车辆防盗警报系统启动后,可用于阻止车内物品被盗,当检测到非法进入车辆时,它会鸣响_____并点亮_____约30s。但是,车辆防盗警报系统不影响发动机起动。在车辆防盗警报系统启动的情况下,以下任何一种情况都属于非法进入:非法进入发动机舱盖下区域、非法进入行李舱、车门打开时未先使用遥控钥匙进行解锁、当车辆防盗警报系统启动时蓄电池断开然后又重新连接等情况。造成车辆防盗警报系统失灵故障的可能原因有以下几个方面:

(1)车门开关故障。

(2)行李舱开关故障。

(3)发动机舱盖开关故障。

(4)遥控钥匙故障。

(5)喇叭故障。

(6)灯光故障。

(7)车身控制模块故障等。

(二)制订工作方案

1.任务分工(表2-1)

学生任务分配表　　　　　　　表2-1

班级		组号		指导老师	
组长		任务分工			
组员1		任务分工			
组员2		任务分工			
组员3		任务分工			
组员4		任务分工			
组员5		任务分工			
组员6		任务分工			

2.工量具、仪器设备与耗材准备

(1)使用的工量具有:_____。

(2)使用的仪器设备有:_____。

(3)使用的耗材有:_____。

3. 具体方案描述

_____

_____

_____

_____

三、计划实施

(一)安全注意事项及技能要点

1. 安全注意事项

(1)操作前做好个人防护,注意操作中的安全防护。

(2)操作前做好车辆防护。

(3)断开蓄电池时先断开负极,再断开正极,安装时顺序相反。

(4)万用表使用前先用欧姆挡进行校准。

(5)用头部缠有保护性胶带的螺丝刀,撬开发射器壳盖。

(6)拆卸钥匙发射器时,小心处理每个零件,因为它们都是精密电子零件。

2. 技能要点

(1)拆卸蓄电池时,不要推挤端子,不要强行用力撬动蓄电池,不要用湿手触摸蓄电池,不要触碰或移动发射器内的任何零部件。

(2)在更换发射器蓄电池之前,检查发射器蓄电池 触点是否腐蚀或损坏。如果发现腐蚀或损坏,则在更换发射器前更换发射器蓄电池并重新测试。

(3)重新编码钥匙时注意,当编码钥匙超过一定数量时,以前编码的钥匙将失效。

(4)拆卸电器元件时,需断开蓄电池负极端子。

(5)重新连接蓄电池负极端子时,需对某些系统初始化,重新调整时钟、收音机等。

(6)断开线束连接器时,可能需要2min才能让所有车辆系统断电,需要等2min后才能进行检测。

(二)车辆防盗警报系统失灵故障诊断与排除

1. 车辆防盗警报系统基本检查及故障现象确认

车辆防盗警报系统基本检查及故障现象确认的操作方法及说明见表2-2。

车辆防盗警报系统基本检查及故障现象确认操作方法及说明　　表2-2

步骤	操作方法及说明	质量标准及记录	
1. 车辆安全防护	(1)安装车内防护三件套。	□完成	□未完成
	(2)安装车外防护三件套。	□完成	□未完成
	(3)安装车轮挡块	□完成	□未完成

续上表

步骤	操作方法及说明	质量标准及记录
2. 维修车辆信息登记	(1) 记录车辆号码。	□完成 □未完成 车辆号牌记录： _____
	(2) 记录车辆 VIN 码。	□完成 □未完成 车辆 VIN 码记录： _____
	(3) 记录车辆行驶里程。	□完成 □未完成 车辆行驶里程记录： _____
	(4) 记录维修车辆燃油液位	□完成 □未完成 车辆燃油液位记录： _____
3. 环车基本检查	(1) 车辆外观基本检查。	□完成 □未完成 外观异常记录： _____
	(2) 发动机舱基本检查	□完成 □未完成 发动机舱异常记录： _____
4. 车辆防盗警报系统功能检查	车辆防盗警报系统检查	□完成 □未完成 车辆防盗警报系统功能检查异常情况记录： _____
5. 车辆故障码及数据流读取记录	(1) 记录车辆防盗警报系统相关故障码。	□完成 □未完成 故障码记录： _____
	(2) 记录车辆防盗警报系统相关数据流	□完成 □未完成 数据流记录： _____

2. 车门开关及相关线路故障诊断

车门开关及相关线路故障诊断的操作方法及说明见表 2-3。

车门开关及相关线路故障诊断操作方法及说明　　　　　表 2-3

步骤	操作方法及说明	质量标准及记录
1. 检查车门打开指示灯/信息	(1)将点火开关置于ON(打开)位置。 (2)逐个打开和关闭每个车门、发动机舱盖和行李舱。 (3)观察车门打开指示灯/信息,打开和关闭每个车门时,指示灯/信息应在车门打开和关闭状态之间正确切换	□正确判断车门打开指示灯/信息工作是否正常
2. 诊断仪检测	(1)连接诊断仪,将点火开关置于ON(打开)位置。 (2)打开和关闭车门,确认故障诊断仪"车门打开开关"参数是否在"未激活"和"激活"之间切换	□正确使用诊断仪 测试结果判定: □正常　□异常
3. 车门开关搭铁线路检测	(1)关闭点火开关,断开车门开关线束连接器。 (2)测量车门开关搭铁电路端子和搭铁之间的电阻应小于2Ω。 (3)测量车门开关搭铁电路端对端的电阻应小于2Ω	□正确识读电路图 □正确使用万用表 (1)搭铁电路端子与搭铁电阻记录及结果判定: _____ (2)搭铁电路端对端的电阻记录及结果判定: _____

续上表

步骤	操作方法及说明	质量标准及记录
4.车门开关信号线路检测	（1）关闭点火开关，检查车门开关连接器，断开车门开关线束连接器。 （2）将点火开关置于ON（打开）位置，测试车门开关信号电路与搭铁之间的电压应满足要求。 （3）关闭点火开关，断开蓄电池负极，断开右后车窗电机或右后车窗开关线束连接器。 （4）测量车门开关信号电路端子与搭铁电阻应满足要求。 （5）测量车门开关信号电路端对端电阻应满足要求	□正确识读电路图 □正确使用万用表 （1）车门开关线束连接器检查记录： ———— （2）信号电路端子与搭铁之间的电压记录及结果判定： ———— （3）信号电路端子与搭铁之间的电阻记录及结果判定： ———— （4）信号电路端对端电阻记录及结果判定： ————
5.车门开关检测	（1）关闭点火开关，断开车门开关线束连接器，拆下车门开关。 （2）车门开关处于打开位置时，测量车门开关各针脚间电阻值应满足维修手册要求。 （3）车门开关处于关闭位置时，测量车门开关各针脚间电阻值应满足维修手册要求。 （4）如果以上检查都正常，则更换右后车窗电机或右后车窗开关	□正确识读电路图 □正确使用万用表 （1）车门开关处于打开位置时，针脚电阻记录及结果判定： ———— （2）车门开关处于关闭位置时，针脚电阻记录及结果判定： ————

3.行李舱盖开关及相关线路故障诊断

行李舱盖开关及相关线路故障诊断的操作方法及说明见表2-4。

行李舱盖开关及相关线路故障诊断操作方法及说明　　　　表2-4

步骤	操作方法及说明	质量标准及记录
1.检查行李舱盖打开指示灯/信息	（1）将点火开关置于ON（打开）位置。 （2）逐个打开和关闭每个车门、发动机舱盖和行李舱盖。 （3）观察行李舱盖打开指示灯/信息，打开和关闭每个车门时，指示灯/信息应在行李舱盖打开和关闭状态之间正确切换	□正确判断行李舱盖打开指示灯/信息工作是否正常

续上表

步骤	操作方法及说明	质量标准及记录
2. 诊断仪检测	(1)连接诊断仪,将点火开关置于 ON(打开)位置。 (2)打开和关闭行李舱盖,确认故障诊断仪"行李舱盖打开开关"参数是否在"未激活"和"激活"之间切换	□正确使用诊断仪 测试结果判定: □正常　□异常
3. 行李舱盖开关搭铁线路检测	(1)关闭点火开关,断开行李舱盖开关线束连接器。 (2)测量行李舱盖开关搭铁电路端子和搭铁之间的电阻应小于2Ω。 (3)测量行李舱盖搭铁电路端对端的电阻应小于2Ω	□正确识读电路图 □正确使用万用表 (1)搭铁电路端子与搭铁电阻记录及结果判定: ＿＿＿＿＿＿ (2)搭铁电路端对端的电阻记录及结果判定: ＿＿＿＿＿＿

续上表

步骤	操作方法及说明	质量标准及记录
4.行李舱盖开关信号线路检测	(1)关闭点火开关,检查行李舱盖开关连接器,断开行李舱盖开关线束连接器。 (2)将点火开关置于ON(打开)位置,测试行李舱盖开关信号电路与搭铁之间的电压应满足要求。 (3)关闭点火开关,断开蓄电池负极,断开车身模块线束连接器。 (4)测量行李舱盖开关信号电路端子与搭铁电阻应满足要求。 (5)测量行李舱盖开关信号电路端对端电阻应满足要求。	□正确识读电路图 □正确使用万用表 (1)行李舱盖开关线束连接器检查记录: _____ (2)信号电路端子与搭铁之间的电压记录及结果判定: _____ (3)信号电路端子与搭铁之间的电阻记录及结果判定: _____ (4)信号电路端对端电阻记录及结果判定: _____
5.行李舱盖开关检测	(1)关闭点火开关,断开行李舱盖开关线束连接器,拆下行李舱盖开关。 (2)行李舱盖开关处于打开位置时,测量行李舱盖开关各针脚间电阻值应满足维修手册要求。 (3)行李舱盖开关处于关闭位置时,测量行李舱盖开关各针脚间电阻值应满足维修手册要求。 (4)如果以上检查都正常,则更换车身控制模块	□正确识读电路图 □正确使用万用表 (1)行李舱盖开关处于打开位置时,针脚电阻记录及结果判定: _____ (2)行李舱盖开关处于关闭位置时,针脚电阻记录及结果判定: _____

4.发动机舱盖开关及相关线路故障诊断

发动机舱盖开关及相关线路故障诊断的操作方法及说明见表2-5。

发动机舱盖及相关线路故障诊断操作方法及说明　　　　　　　　表2-5

步骤	操作方法及说明	质量标准及记录
1.检查发动机舱盖打开指示灯/信息	(1)将点火开关置于ON(打开)位置。 (2)逐个打开和关闭每个车门、发动机舱盖和行李舱盖。 (3)观察发动机舱盖打开指示灯/信息,打开和关闭每个车门时,指示灯/信息应在发动机舱盖打开和关闭状态之间正确切换	□正确判断发动机舱盖打开指示灯/信息工作是否正常
2.诊断仪检测	(1)连接诊断仪,将点火开关置于ON(打开)位置。 (2)打开和关闭发动机舱盖,确认故障诊断仪"发动机舱盖打开开关"参数是否在"未激活"和"激活"之间切换	□正确使用诊断仪测试结果判定: □正常　□异常
3.发动机舱盖开关搭铁线路检测	(1)关闭点火开关,断开发动机舱盖开关线束连接器。 (2)测量发动机舱盖开关搭铁电路端子和搭铁之间的电阻应小于2Ω。 (3)测量发动机舱盖搭铁电路端对端的电阻应小于2Ω	□正确识读电路图 □正确使用万用表 (1)搭铁电路端子与搭铁电阻记录及结果判定: _____ (2)搭铁电路端对端的电阻记录及结果判定: _____

续上表

步骤	操作方法及说明	质量标准及记录
4.发动机舱盖开关信号线路检测	(1)关闭点火开关,检查发动机舱盖开关连接器,断开行李舱盖开关线束连接器。 (2)将点火开关置于ON(打开)位置,测试发动机舱盖开关信号电路与搭铁之间的电压应满足要求。 (3)关闭点火开关,断开蓄电池负极,断开车身模块线束连接器。 (4)测量发动机舱盖开关信号电路端子与搭铁电阻应满足要求。 (5)测量发动机舱盖开关信号电路端对端电阻应满足要求	□正确识读电路图 □正确使用万用表 (1)发动机舱盖开关线束连接器检查记录： ———— (2)信号电路端子与搭铁之间的电压记录及结果判定： ———— (3)信号电路端子与搭铁之间的电阻记录及结果判定： ———— (4)信号电路端对端电阻记录及结果判定： ————
5.发动机舱盖开关检测	(1)关闭点火开关,断开发动机舱盖开关线束连接器,拆下行李舱盖开关。 (2)发动机舱盖开关处于打开位置时,测量发动机舱盖开关各针脚间电阻值应满足维修手册要求。 (3)发动机舱盖开关处于关闭位置时,测量发动机舱盖开关各针脚间电阻值应满足维修手册要求。 (4)如果以上检查都正常,则更换车身控制模块	□正确识读电路图 □正确使用万用表 (1)发动机舱盖开关处于打开位置时,针脚电阻记录及结果判定： ———— (2)发动机舱盖开关处于关闭位置时,针脚电阻记录及结果判定： ————

5.检查钥匙发射器

检查钥匙发射器的操作方法及说明见表2-6。

检查钥匙发射器操作方法及说明　　　　表2-6

步骤	操作方法及说明	质量标准及记录
检查钥匙发射器	(1)确认发射器是与车辆对应的正确发射器,通过比较发射器上的零件号与配件目录中的相应零件号完成此操作。 (2)检查钥匙发射器电池电压,如电压不足则更换发射器电池。 (3)重新编码所有钥匙发射器,检查遥控钥匙能否正常锁止和开锁车门锁。 (4)如果以上检查都正常,则更换车身控制模块	□正确使用万用表 □正确判断钥匙发射器电池电压是否正常 □重新编码所有钥匙发射器 □学习过程中遵循"8S"管理规定

6. 检查车身控制模块

在没有解除防盗报警系统的情况下,通过打开的驾驶人车窗和打开的驾驶人侧车门将手伸入车内。确认故障诊断仪"安全防盗系统警报状态"参数是否为"鸣响"。如果参数未显示"鸣响",则更换车身控制模块。

7. 检查车辆喇叭及车外灯

如果参数显示"鸣响",在车门打开的情况下,检查并确认车辆喇叭鸣响且车外灯闪烁。如果喇叭不鸣响,则诊断与排除喇叭故障;如果车外灯不闪烁,则诊断与排除前照灯故障。

8. 检查车辆防盗警报系统故障是否排除

重新连接所有连接件,安装拆卸的所有部件,验证车辆防盗警报系统工作异常故障是否排除。

四、评价反馈(表2-7)

评价表　　　　　　　　　　　　　　　　　　　　　　　　　　表2-7

评分项目	评分内容及标准	分值(分)	得分(分)
学习目标	能明确本任务的知识、技能、素养目标,理解任务在工作中的重要程度	5	
工作任务分析	能清晰描述完成本次工作任务内容	2	
	能清晰描述完成本次工作任务需必备的技能与知识点	2	
有效信息获取	能描述安全防盗系统的作用	2	
	能叙述安全防盗系统的组成	2	
	能描述安全防盗系统的工作原理	3	
	能对车辆安全防盗系统工作异常原因进行分析	3	
实施方案制订	能清晰地制订并填写车辆安全防盗系统工作异常故障诊断与排除的准备作业计划	5	
	能组织或协同工作小组成员,明确本次任务所需仪器设备、工具、材料的准备与清点,并准备记录	5	
	能组织或协同工作小组成员交流,优化检查方案并记录	5	
任务实施	验证车辆安全防盗警报系统工作异常故障现象	5	
	读取故障码和数据流	5	
	车门开关及相关线路故障诊断	10	
	行李舱盖开关及相关线路故障诊断	5	
	发动机舱盖开关及相关线路故障诊断	5	

续上表

评分项目	评分内容及标准	分值(分)	得分(分)
任务实施	检查钥匙发射器	5	
	检查车身控制模块	5	
	检查喇叭故障与车外灯故障	5	
	验证车辆防盗警报系统失灵故障是否排除	5	
任务评价	能通过本次任务实施,结合自己在实训过程中的表现,进行自我评价及自我反思并记录	3	
职业素养	遵守职业道德规范,诚实守信,尊重客户	2	
	具备良好的沟通能力和团队协作能力	2	
	遵守安全操作规程,具备安全意识	2	
	具备一丝不苟、精益求精的工匠精神	2	
思政要求	具备绿色环保、节能降碳的环保意识	1	
	具备严谨理性的工作作风,尊重事实和证据	1	
	有实证意识和严谨的求知态度	1	
	有精益求精的质量管控意识	1	
	具备热爱劳动、敬业奉献的劳动精神	1	
	总计	100	

改进建议:

教师签字:
日期:

学习活动2 车辆无钥匙进入系统失效故障诊断与排除

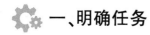

一、明确任务

根据任务描述,车主反映该车在使用中发现车辆无钥匙进入系统失效。需要对车辆无钥匙进入系统进行检查与更换,使其恢复正常使用性能。

二、工作准备与计划制订

(一)知识准备

1. 概述

随着汽车的普及,人们对汽车性能的要求越来越高,对车辆的舒适性和智能化也提出了更高的要求。无钥匙进入系统逐渐取代传统的遥控钥匙门禁系统,彻底改变了汽车安防应用领域的发展前景,给用户带来了全新舒适和便利的体验。

无钥匙进入系统并非取消了车钥匙,而是具有只要携带钥匙在身,不必使用钥匙就可以实现_____及_____的功能。相比于遥控钥匙控制的门禁系统,无钥匙进入系统具有以下两个明显的优势:

(1)不必使用钥匙,只需随身携带,开门、上锁方便快捷。

(2)采用双向通信认证,在抗干扰和防盗方面更加安全。

2. 系统功能

1)无钥匙解锁

指驾驶人不用拿出钥匙,而是放身上或随身包内,当靠近车外天线_____ m以内时,直接拉动车门后,车门门锁_____并可以被打开。

2)无钥匙上锁

指驾驶人不用拿出钥匙,而是放身上或随身包内,靠近车外天线_____ m以内时,直接按动车门把手上锁按键后,车门门锁_____的功能。

3)无钥匙起动

指驾驶人不用拿出钥匙,只要钥匙在车内,踩下_____后,直接按下_____,车辆即可起动。

4)无钥匙开启行李舱

指驾驶人不用拿出钥匙,而是放身上或随身包内,靠近后保险杠天线1m以内时直接按行李舱上的_____后,行李舱自动打开。

5)钥匙应急起动

指当遥控器钥匙没电或受到强无线电干扰,无钥匙起动失败时,将遥控器钥匙放入中央备用起动天线或靠近_____后,汽车便可点火起动。

3. 无钥匙进入系统的组成

无钥匙进入系统的全称为_____,上汽通用称之为PEPS(Passive Entry Passive Start)系统。无钥匙进入及起动系统(以下简称为PEPS系统)主要由以下部件组成:_____、_____、带UID(User Identification Device)的遥控钥匙、遥控接收器 RFA、天线、车门开锁开关、车门上锁开关、门锁电机、备用天线等。

1）车身控制模块

车身控制模块（以下简称 BCM）是一个多功能控制模块，一般安装在驾驶室内仪表台的下方。在无钥匙进入系统中，其作用主要包括验证起动信息和确定及执行遥控钥匙的请求信号。

BCM 接收_____传来的钥匙身份验证信息，并验证钥匙与车辆的身份信息是否一致。如果验证通过，将允许车辆起动，否则车辆将无法起动。

当驾驶人按动遥控钥匙上的上锁按钮时，BCM 将确认钥匙和_____是否一致，如果验证通过，BCM 将执行这些请求，控制_____动作，进行上锁。

2）无钥匙进入系统模块 PEPS

PEPS 系统模块一般安装在驾驶室内仪表台内部，其主要作用是识别遥控钥匙的位置。PEPS 系统利用六个分布在车上不同区域的天线来检测遥控钥匙的位置。

3）遥控钥匙

遥控钥匙是一个多功能遥控器，主要功能包括三部分：

(1) 遥控车门门锁上锁或开锁。

(2) 接收天线发出的钥匙身份识别请求信号，并发射反馈信号。

(3) 内含阻断式防盗芯片，可以在钥匙电量不足的情况下利用备用天线起动车辆。

4）天线

PEPS 系统共有六个发射天线，车外天线和车内天线各有三个。车外天线包括_____、_____和_____；车内天线包括_____、_____和_____，天线的安装位置如图 2-6 所示。

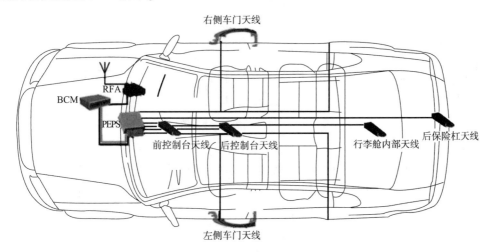

图 2-6　PEPS 系统天线在车辆上的位置

无论是车内天线还是车外天线都与 PEPS 模块相连，其主要作用是接收_____的指令，向外发送范围约为 1m 的_____kHz 的低频信号。在信号辐射范围内，如果有遥控钥匙存在,则遥控钥匙就能够接收到此信号,然后遥控钥匙内的发射器向外界发射一个高频的无线电信号。PEPS 天线只能发射信号,不能接收信号。别克威朗 PEPS 系统天线电路图如图 2-7 所示。

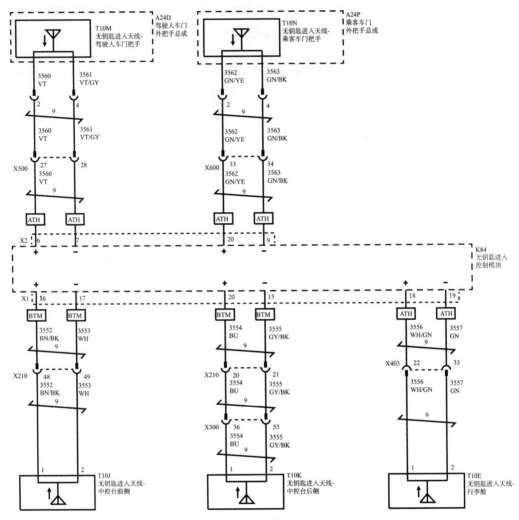

图 2-7　PEPS 系统天线电路图

5) 遥控接收器

遥控接收器(以下简称 RFA)一般位于驾驶室内前风窗玻璃上方或顶棚上,其主要功能就是接收遥控钥匙发来的无线电信号,并对无线电信号进行处理后,以数据信息的方式通过_____传送给 BCM。

6) 车门上锁开关/车门开锁开关(车门外把手开关)

PEPS 系统一般有两个或四个车门上锁开关,分别安装在左右侧车门把手上,其主要作用是车主下车后,无需使用钥匙锁车门,只要轻按一下车门上锁开关,车门就会_____。

四个车门开锁开关是一个微动开关,分别安装在四个车门把手内部。当车门把手被拉起时,开关信号传送到_____,PEPS 模块控制同侧车门的天线开始发射无线电信号搜寻钥匙。

有的车型车门上锁开关与车门开锁开关合二为一,使用车门外把手开关代替两者。激活车门外把手开关时,车门外把手开关信号电路向无钥匙进入控制模块提供输入信号。这些输入信号允许无钥匙进入控制模块检测车门锁止或解锁请求。无钥匙进入控制模块通过车门把手开关信号电路向各车门外把手开关提供 12V 信号。按下车门把手开关后,开关闭合,来自无钥匙进入控制模块的电压信号被拉接至搭铁。别克威朗车门开锁/上锁开关(车门外把手开关)电路图如图 2-8 所示。

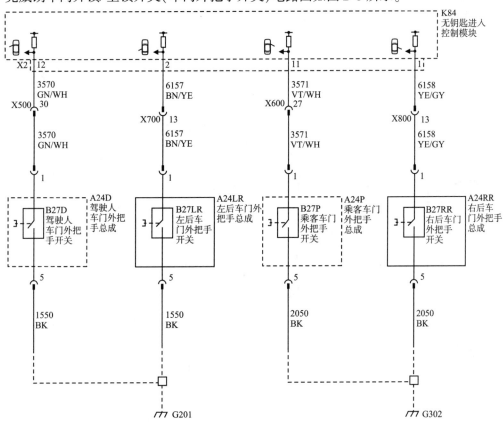

图 2-8 车门外把手开关电路图

7)门锁电机

门锁电机安装在门锁总成上,上汽通用的早期车型上,门锁电机有两个,分别受控于 BCM 和 PEPS。PEPS 模块控制的门锁电机只能开锁,不能上锁;后期车型只保留一个门锁电机,受控于 BCM,PEPS 不再控制门锁电机。

车身控制模块(BCM)通过向车门锁闩总成的相应锁止和解锁控制电路提供蓄电池正电压和搭铁来使可反转车门锁闩总成通电。后车门和乘客车门锁闩总成的锁止和解锁控制电路全部连接在一起。当车门锁闩总成未启用时,所有执行器锁止和解锁控制电路都被施加一个浮动电压,车身控制模块使用该电压执行电路上的功能。锁止执行器转变为锁止或解锁位置取决于哪个控制电路接受电压以及哪个控制电路接受搭铁。车身控制模块(BCM)向各车门锁定和车门解锁信号电路提供信号。当门锁开关处于打开位置时,信号电路中的电压水平将近12V;在将任一门锁开关按到锁定或解锁位置时,相应信号电路的电压会降至0V,且车身控制模块(BCM)将检测到电压下降并指令车门锁闩执行请求的锁定或解锁指令。车身控制模块通过驾驶人车门锁状态信号电路监测驾驶人车门锁柱塞(位于驾驶人车门板顶部上),驾驶人车门锁柱塞通过连杆连接至驾驶人车门锁闩,按下驾驶人车门锁柱塞时,驾驶人车门锁闩内的开关将关闭,将信号电路拉至搭铁,车身控制模块将检测压降并指令所有车门锁止。别克威朗门锁电机电路图如图2-9所示。

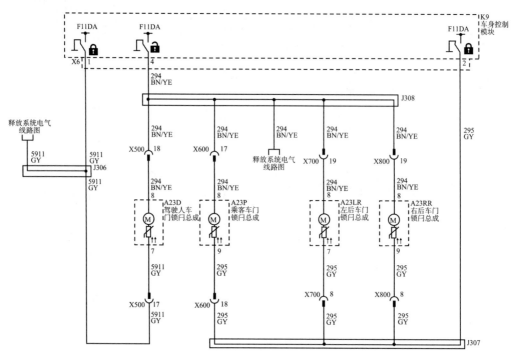

图2-9 门锁电机电路图

4. 无钥匙进入系统工作过程

1) 无钥匙解锁

PEPS系统解锁的工作流程(以左前门为例)如图2-10所示。

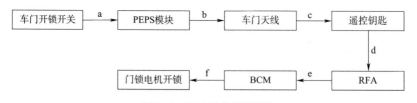

图2-10 PEPS系统解锁流程

a. 当驾驶人随身携带有效遥控钥匙靠近车辆左前门并拉动门把手,左前门把手内的车门开锁开关闭合向_____发送一个开启左前门的信号。

b. 在接收外侧开关信号的基础上,PEPS 模块立即启动天线以定位智能钥匙。

c. 车门天线传送信号以定位智能钥匙,如果遥控钥匙处于天线发射范围内(约为1m),则遥控钥匙会接收到此信号,此信号是一个高频加密的请求信号。

d. 遥控钥匙收到信号后必须向外发送高频加密的无线电信号,高频加密的无线电信号被_____接收。

e. RFA 将信号处理后通过_____将钥匙信息发送给车身控制模块 BCM。

f. BCM 判断该钥匙为有效钥匙后,就会驱动四个_____对车门进行开锁。

同理,当驾驶人拉动车辆右前门把手时,PEPS 系统的工作原理是基本一样的,不同的是被激活的天线不同。

但是,如果有效的遥控钥匙在左侧,有人去拉右侧的门把手,此时右侧的车门开锁开关被触发,PEPS 模块激活右侧车门天线搜寻,但是没有检测到钥匙,所以不允许开锁,车门也不会被拉开。

2)无钥匙上锁

PEPS 系统上锁的工作流程如图 2-11 所示。

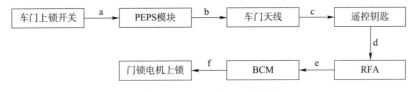

图 2-11　PEPS 系统解锁流程

a. 当驾驶人拿着有效的_____下车并关闭所有车门后,只要遥控钥匙处于车门天线_____的范围内,PEPS 系统就能够允许驾驶人使用无钥匙上锁功能。此时,驾驶人按下位于左侧或右侧车门把手上的上锁开关,向_____发送一个上锁信号。

b. 在接收上锁开关信号的基础上,PEPS 模块立即启动天线以定位智能钥匙。

c. 车门天线传送信号以定位智能钥匙,如果遥控钥匙处于天线发射范围内(约为1m),则遥控钥匙会接收到此信号,此信号是一个_____的请求信号。

d. 遥控钥匙收到信号后必须向外发送高频加密的无线电信号,高频加密的无线电信号被_____接收。

e. RFA 将信号处理后通过_____将钥匙信息发送给车身控制模块 BCM。

f. BCM 判断该钥匙为有效钥匙后,就会驱动四个_____对车门进行上锁。

在上锁时,如果备用遥控钥匙遗留在车内,则备用遥控钥匙将被 PEPS 模块临时停用,直至解除安全防盗系统。

3)无钥匙系统起动

无钥匙系统起动流程如图 2-12 所示。

a. 无钥匙起动是 PEPS 系统的一个重要功能。当驾驶室内至少有一把有效的遥控钥匙时,如果驾驶人踩住_____并按动_____,则 BCM 模块接收点火开关的起动信号。

　　b. 同时 PEPS 模块共同接收点火开关的起动信号。

　　c. PEPS 模块启动 3 个车内天线以定位智能钥匙。

　　d. 车内天线定位并激活该有效的遥控钥匙。

　　e. 遥控钥匙将钥匙信息发送给_____。

　　f. RFA 再将遥控钥匙信息通过_____传递给_____。

　　g. BCM 验证完钥匙的合法性后,还要继续进行下一步的防盗验证,包括验证总线上的关键模块是否齐全,涉及防盗信息的电子制动控制模块、组合仪表、安全气囊控制模块等模块的防盗密码是否通过,以上验证全部通过之后,才通过数据线路允许发动机控制模块 ECM 控制起动机运转。

　　h. _____控制起动机运转,进行起动。

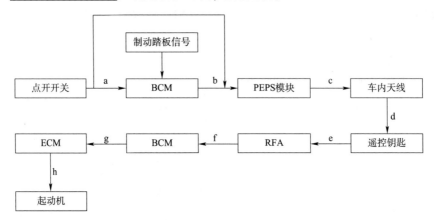

图 2-12　无钥匙系统起动流程

4) 无钥匙开启行李舱

　　无钥匙开启行李舱的功能与无钥匙开启车门的逻辑功能一样,只有有效的遥控钥匙在保险杠天线 1m 之内,才能操作行李舱开关打开行李舱。但是该信号的请求、释放过程与以上开启车门的过程原理完全不同,无钥匙系统开启行李舱流程如图 2-13 所示。

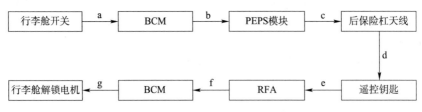

图 2-13　无钥匙系统开启行李舱流程

　　a. 当驾驶人按动行李舱开关后,首先是由_____接受此开启信号。

　　b. BCM 将该请求信号传递到_____。

c. 在接收开启行李舱信号的基础上,PEPS 模块立即启动天线以定位智能钥匙。

d. 车门天线传送信号以定位智能钥匙,如果遥控钥匙处于天线发射范围内(约为1m),则遥控钥匙会接收到此信号,此信号是一个钥匙身份识别的请求信号。

e. 遥控钥匙收到信号后必须向外发送高频加密的无线电信号,高频加密的无线电信号被_____接收。

f. RFA 将信号处理后通过_____将钥匙信息发送给车身控制模块 BCM。

g. BCM 判断该钥匙为有效钥匙后,将控制_____吸合,行李舱开锁电机动作,解锁行李舱。

5)备用天线的使用

如果遥控钥匙电池电量耗尽或不足,或者钥匙被强烈电磁波干扰后,遥控钥匙将无法被三个_____激活,车辆就有可能无法起动。为此,PEPS 系统特意设计了一个备用起动模式。当发生上述无法检测到遥控钥匙的情况时,可以将遥控钥匙放入中央扶手内的备用起动天线中,使用备用天线起动车辆。使用备用天线起动车辆流程如图 2-14 所示。

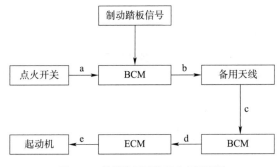

图 2-14 使用备用天线起动车辆流程

a. 驾驶人踩住_____并按动_____,则 BCM 模块接收点火开关的起动信号。

b. BCM 驱动和监测备用天线。

c. 备用天线将遥控钥匙中的_____信息发送给 BCM。

d. BCM 经过阻断式防盗验证,将起动信号传送给 ECM。

e. 发动机控制模块 ECM 控制起动机运转,进行起动。

但是需要特别注意的是,该备用线圈并不是由 PEPS 模块驱动和监测,而是直接由 BCM 进行检测的,这一特点与不带 PEPS 系统的防盗 IMMO 系统模块的起动着车过程完全一致。

6)机械钥匙开锁、上锁

当遥控器电池损坏、电力不足时或者当车辆蓄电池亏电时,要保证驾驶人能够进入车辆的备用功能,也可以使用_____打开车门锁,并且无论是普通上锁状态还是死锁状态,_____的级别都高于两者,可以利用机械钥匙打开驾驶人侧车门上车。当驾驶人利用机械钥匙拧动左前门机械锁芯后,该侧门锁锁块就会出现_____、_____两种信号,门锁锁块便会将这一信息首先传递给离它最近的驾驶人侧的玻璃升降器开关(或玻璃升降器电机,配置不同信号传递给的模块也不同,同时该开关还传递车门的开启信号),该开关实际上是玻璃升降开关也是 BCM 模块的一个 LIN 模块,并将它所接收到的锁芯状态信号通过_____发送给 BCM,BCM 再根据接收到信号直接控制门锁电机进行上锁、解锁。

5. 车辆无钥匙进入系统失效原因分析

根据车辆无钥匙进入系统开锁及上锁的工作原理,造成车辆无钥匙进入系统失效原因的可能原因主要有:

(1)门锁执行器故障。

(2)钥匙发射器故障。

(3)车门开锁/上锁开关(车门外把手开关)故障。

(4)车门天线故障。

(5)PEPS 模块故障。

(6)遥控门锁接收器模块故障。

(二)制订工作方案

1. 任务分工(表2-8)

学生任务分配表　　　　　　表2-8

班级		组号		指导老师	
组长		任务分工			
组员1		任务分工			
组员2		任务分工			
组员3		任务分工			
组员4		任务分工			
组员5		任务分工			
组员6		任务分工			

2. 工量具、仪器设备与耗材准备

(1)使用的工量具有:_____。

(2)使用的仪器设备有:_____。

(3)使用的耗材有:_____。

3. 具体方案描述

_____

_____

_____

_____

三、计划实施

(一) 安全注意事项及技能要点

1. 安全注意事项

(1) 拆卸门锁时,注意保护车门玻璃,防止脱落损坏。

(2) 拆卸门锁时,需使用专用工具或头部缠有保护胶带的螺丝刀。

(3) 用头部缠有保护性胶带的螺丝刀,撬开发射器壳盖。

(4) 拆卸钥匙发射器时,小心处理每个零件,因为它们都是精密电子零件。

(5) 拆卸天线时,小心不要划伤饰板和相关部件。

(6) 拆卸车门开锁/上锁开关时,注意不要划伤油漆。

2. 技能要点

(1) 重复使用已拆下的门锁总成时,需给连接器换上新的门锁线束密封,防止连接部位进水。

(2) 拆卸电池时,不要推挤端子,不要强行用力撬动电池,不要用湿手触摸电池,不要触碰或移动发射器内的任何零部件。

(3) 重新编码钥匙时注意,当编码钥匙超过一定数量时,以前编码的钥匙将会失效。

(4) 拆卸电器元件时,需断开蓄电池负极端子。

(5) 重新连接蓄电池负极端子时,需对某些系统初始化,重新调整时钟、收音机等。

(6) 将点火开关置于"OFF(关闭)"位置,所有车辆系统关闭,断开相应的车门外把手开关的线束连接器时,可能需要 2min 才能让所有车辆系统断电,之后才能进行线路测量。

(7) 检测线路电阻时,需关闭点火钥匙,断开蓄电池负极。

(二) 车辆无钥匙进入系统失效故障诊断与排除

1. 车辆无钥匙进入系统基本检查及故障现象确认

车辆无钥匙进入系统基本检查及故障现象确认的操作方法及说明见表 2-9。

车辆无钥匙进入系统基本检查及故障现象确认操作方法及说明 表 2-9

步骤	操作方法及说明	质量标准及记录
1. 车辆安全防护	(1) 安装车内防护三件套。 (2) 安装车外防护三件套。 (3) 安装车轮挡块	□完成 □未完成 □完成 □未完成 □完成 □未完成

续上表

步骤	操作方法及说明	质量标准及记录
2.维修车辆信息登记	(1)记录车辆号码。	□完成 □未完成 车辆号牌记录： _____
	(2)记录车辆VIN码。	□完成 □未完成 车辆VIN码记录： _____
	(3)记录车辆行驶里程。	□完成 □未完成 车辆行驶里程记录： _____
	(4)记录维修车辆燃油液位	□完成 □未完成 车辆燃油液位记录： _____
3.环车基本检查	(1)车辆外观基本检查。	□完成 □未完成 外观异常记录： _____
	(2)发动机舱基本检查	□完成 □未完成 发动机舱异常记录： _____
4.车辆无钥匙进入系统功能检查	车辆防盗警报系统检查	□完成 □未完成 车辆无钥匙进入系统功能检查异常情况记录： _____ _____ _____
5.车辆故障码及数据流读取记录	(1)记录车辆无钥匙进入系统相关故障码。	□完成 □未完成 故障码记录： _____
	(2)记录车辆无钥匙进入系统相关数据流	□完成 □未完成 数据流记录： _____ _____

2. 门锁执行器及相关线路诊断

门锁执行器及相关线路诊断的操作方法及说明见表2-10。

检查门锁执行器操作方法及说明 表2-10

步骤	操作方法及说明	质量标准及记录
1.检查门锁执行器工作	（1）从点火开关锁芯中拔出钥匙。 （2）关闭所有车门。 （3）按驾驶人座车门开关上的LOCK（锁止）按钮和UN-LOCK（开锁）按钮。 （4）按乘客座车门开关上的LOCK（锁止）按钮和UN-LOCK（开锁）按钮。 （5）观察所有车门门锁开关能否正常锁止和开锁	□正确判断门锁执行器工作是否正常 □学习过程中遵循"8S"管理规定
2.检查门锁执行器	1）若任一车门门锁开关或多个车门门锁不能正常锁止或开锁，则按照维修手册对车门门锁进行检查与更换 （1）检查门锁控制电路对电压是否短路或断路。 （2）检查控制电路对搭铁是否短路。 （3）在门锁执行器两控制电路端子之间连接万用表，使用门锁开关锁止和解锁车门，确认万用表测量到的最大电压是否大于10V，如果等于或低于10V，则更换K9车身控制模块；如果大于10V，则测试或更换门锁执行器总成 2）若所有门锁不能正常锁止或开锁，则按照维修手册对车门门锁进行检查与更换 （1）检查车身控制模块搭铁电路是否正常。 （2）检查车身控制模块电源电路是否正常。 （3）检查各个门锁执行器控制电路是否对搭铁短路或对电源短路。 （4）检查各个门锁执行器控制电路之间的电阻是否正常。 （5）检查各个门锁执行器是否正常工作。 （6）测试或更换车身控制模块	□正确判断门锁执行器工作是否正常 □能按照维修手册对车门门锁进行检查与更换 □学习过程中遵循"8S"管理规定

3.检查钥匙发射器

检查钥匙发射器的操作方法及说明见表2-11。

检查钥匙发射器操作方法及说明　　　　　　　　　　　　　　表2-11

步骤	操作方法及说明	质量标准及记录
检查钥匙发射器	（1）重新同步发射器，检查遥控钥匙能否正常锁止和开锁车门门锁。 （2）拆卸钥匙发射器蓄电池，检查钥匙发射器蓄电池电压。 （3）重新编码所有钥匙发射器，检查遥控钥匙能否正常锁止和开锁车门门锁	□正确重新同步发射器 □正确使用万用表 □正确判断钥匙发射器电池电压是否正常 □重新编码所有钥匙发射器 □学习过程中遵循"8S"管理规定

4. 车门外把手开关及相关线路故障诊断

车门外把手开关及相关线路故障诊断的操作方法及说明见表2-12。

车门外把手开关及相关线路故障诊断的操作方法及说明　　　表2-12

步骤	操作方法及说明	质量标准及记录
1. 诊断仪检测车门外把手开关信号	（1）连接车辆诊断仪，将点火开关置于ON（打开）位置。 （2）按下和松开车门外把手开关。 （3）使用故障诊断仪读取车门外把手开关信号参数是否在"Active（激活）"和"Inactive（未激活）"之间切换	□正确使用诊断仪 测试结果判定： □正常　□异常
2. 车门外把手开关搭铁线路检测	（1）关闭点火开关，断开车门外把手开关线束连接器； （2）测试搭铁电路端对端的电阻是否小于2Ω，如果大于等于2Ω，则修理电路中的开路/电阻过大故障。 （3）如果小于2Ω，则修理搭铁连接中的开路/电阻过大故障	□正确识读电路图 □正确使用万用表 （1）搭铁电路端对端的电阻记录及结果判定： _____ （2）搭铁电路端子与搭铁电阻记录及结果判定： _____
3. 车门外把手开关信号线路检测	（1）关闭点火开关，检查车门外把手开关连接器，断开车门外把手开关线束连接器。 （2）将点火开关置于ON（打开）位置，测试车门外把手开关信号电路与搭铁之间的电压应满足要求。 （3）关闭点火开关，断开蓄电池负极，断开无钥匙进入控制模块的线束连接器。 （4）测量车门外把手开关信号电路端子与搭铁电阻应满足要求	□正确识读电路图 □正确使用万用表 （1）车门外把手开关线束连接器检查记录： _____ （2）信号电路端子与搭铁之间的电压记录及结果判定： _____ （3）信号电路端子与搭铁之间的电阻记录及结果判定： _____

续上表

步骤	操作方法及说明	质量标准及记录
3. 车门外把手开关信号线路检测	(5)测量车门外把手开关信号电路端对端电阻应满足要求	(4)信号电路端对端电阻记录及结果判定：_____
4. 车门外把手开关检测	(1)关闭点火开关，断开车门外把手开关线束连接器，拆下车门外把手开关。 (2)车门外把手开关处于打开位置时，测量车门外把手开关各针脚间电阻值应满足维修手册要求。 (3)车门外把手开关处于关闭位置时，测量车门外把手开关各针脚间电阻值应满足维修手册要求。	□正确识读电路图 □正确使用万用表 (1)车门外把手开关处于打开位置时，针脚电阻记录及结果判定：_____ (2)车门外把手开关处于关闭位置时，针脚电阻记录及结果判定：_____

5. 检查车门天线

检查车门天线的操作方法及说明见表2-13。

检查车门天线操作方法及说明 表2-13

步骤	操作方法及说明	质量标准及记录
1. 检查车门天线信号电路1	(1)关闭点火开关，检查车门天线连接器，断开线束连接器。 (2)打开点火开关，测试车门天线信号电路1与搭铁之间的电压应满足要求。 (3)关闭点火开关，断开蓄电池负极，断开无钥匙进入控制模块处线束连接器。 (4)测量车门天线信号电路1端子与搭铁电阻应满足要求。 (5)测量车门天线信号电路1端对端电阻应满足要求	□正确识读电路图 □正确使用万用表 (1)车门天线线束连接器检查记录：_____ (2)信号电路端子与搭铁之间的电压记录及结果判定：_____ (3)信号电路端子与搭铁之间的电阻记录及结果判定：_____ (4)信号电路端对端电阻记录及结果判定：_____

续上表

步骤	操作方法及说明	质量标准及记录
2. 检查车门天线信号电路2	(1)关闭点火开关,检查车门天线连接器,断开线束连接器。 (2)打开点火开关,测试车门天线信号电路2与搭铁之间的电压应满足要求。 (3)关闭点火开关,断开蓄电池负极,断开无钥匙进入控制模块处线束连接器。 (4)测量车门天线信号电路2端子与搭铁电阻应满足要求。 (5)测量车门天线信号电路2端对端电阻应满足要求	□正确识读电路图 □正确使用万用表 (1)车门天线线束连接器检查记录: _____ (2)信号电路2端子与搭铁之间的电压记录及结果判定: _____ (3)信号电路2端子与搭铁之间的电阻记录及结果判定: _____ (4)信号电路2端对端电阻记录及结果判定: _____
3. 检查车门天线	检测或更换车门天线	□规范完成检测或更换车门天线 □学习过程中遵循"8S"管理规定

6. 无钥匙进入系统控制模块故障诊断

无钥匙进入系统控制模块故障诊断的操作方法及说明见表2-14。

无钥匙进入系统控制模块故障诊断的操作方法及说明　　表2-14

步骤	操作方法及说明	质量标准及记录
1. 诊断仪检测	(1)连接诊断仪,打开点火开关。 (2)诊断仪读取故障码,有故障码参照故障码执行	□正确使用诊断仪 诊断仪读码记录: _____
2. 无钥匙进入系统控制模块搭铁检测	(1)关闭点火开关,断开蓄电池负极。 (2)断开无钥匙进入系统控制模块线束连接器。	□正确识读电路图 □正确使用万用表 (1)无钥匙进入系统控制模块搭铁线对搭铁电阻记录及结果判定: _____

续上表

步骤	操作方法及说明	质量标准及记录
2. 无钥匙进入系统控制模块搭铁检测	（3）测试无钥匙进入系统控制模块线束连接器搭铁端子与搭铁电阻应小于2Ω。 （4）测试无钥匙进入系统控制模块搭铁线端对端电阻应小于2Ω。 （5）测试无钥匙进入系统控制模块搭铁端子与搭铁点之间电阻应小于2Ω	（2）无钥匙进入系统控制模块搭铁线端对端电阻记录及结果判定： _____ （3）无钥匙进入系统控制模块搭铁端子与搭铁点电阻记录及结果判定： _____
3. 无钥匙进入系统控制模块电源检测	（1）关闭点火开关，断开蓄电池负极。 （2）断开无钥匙进入系统控制模块线束连接器。 （3）打开点火开关，测试无钥匙进入系统控制模块线束连接器电源线端子电压应为电源电压。 （4）测试无钥匙进入系统控制模块电源线端对搭铁电阻应小于2Ω。 （5）测试无钥匙进入系统控制模块电源线端对端电阻应小于2Ω	□正确识读电路图 □正确使用万用表 （1）无钥匙进入系统控制模块电源线对搭铁电压记录及结果判定： _____ （2）无钥匙进入系统控制模块电源线对搭铁电阻记录及结果判定： _____ （3）无钥匙进入系统控制模块电源线端对端电阻记录及结果判定： _____
4. 更换无钥匙进入系统控制模块	更换无钥匙进入系统控制模块	□规范更换无钥匙进入系统控制模块 □学习过程中遵循"8S"管理规定

7. 遥控门锁接收器模块故障诊断

遥控门锁接收器模块故障诊断的操作方法及说明见表2-15。

遥控门锁接收器模块故障诊断的操作方法及说明　　表2-15

步骤	操作方法及说明	质量标准及记录
1. 诊断仪检测	（1）连接诊断仪，打开点火开关。 （2）诊断仪读取故障码，有故障码参照故障码执行	□正确使用诊断仪诊断仪读码记录： _____

续上表

步骤	操作方法及说明	质量标准及记录
2.遥控门锁接收器模块搭铁检测	(1)关闭点火开关,断开蓄电池负极。 (2)断开遥控门锁接收器模块线束连接器。 (3)测试遥控门锁接收器模块线束连接器搭铁端子与搭铁电阻应小于2Ω。 (4)测试遥控门锁接收器模块搭铁线端对端电阻应小于2Ω。 (5)测试遥控门锁接收器模块搭铁端子与搭铁点之间电阻应小于2Ω	□正确识读电路图 □正确使用万用表 (1)遥控门锁接收器模块搭铁线对搭铁电阻记录及结果判定: _____ (2)遥控门锁接收器模块搭铁线对端电阻记录及结果判定: _____ (3)遥控门锁接收器模块搭铁端子与搭铁点电阻记录及结果判定: _____
3.遥控门锁接收器模块电源检测	(1)关闭点火开关,断开蓄电池负极。 (2)断开遥控门锁接收器模块线束连接器。 (3)打开点火开关,测试遥控门锁接收器模块线束连接器电源线端子电压应为电源电压。 (4)测试遥控门锁接收器模块电源端对搭铁电阻应小于2Ω。 (5)测试遥控门锁接收器模块电源线端对端电阻应小于2Ω	□正确识读电路图 □正确使用万用表 (1)遥控门锁接收器模块电源线对搭铁电压记录及结果判定: _____ (2)遥控门锁接收器模块电源线对搭铁电阻记录及结果判定: _____ (3)遥控门锁接收器模块电源线端对端电阻记录及结果判定: _____
4.更换遥控门锁接收器模块	更换遥控门锁接收器模块	□规范更换遥控门锁接收器模块 □学习过程中遵循"8S"管理规定

8. 重新编码所有发射器

9. 检查无钥匙进入系统故障是否排除

重新连接所有连接件,安装拆卸的所有部件,验证车辆无钥匙进入系统失效故障是否排除。

四、评价反馈(表2-16)

评价表　　　　　　　　　　　　　　　　　　　　　　　　　表2-16

评分项目	评分内容及标准	分值(分)	得分(分)
学习目标	能明确本任务的知识、技能、素养目标,理解任务在工作中的重要程度	5	
工作任务分析	能清晰描述完成本次工作任务内容	2	
	能清晰描述完成本次工作任务需必备的技能与知识点	2	
有效信息获取	能描述无钥匙进入系统的作用	1	
	能叙述无钥匙进入系统的组成	1	
	能描述无钥匙进入系统的工作原理	5	
	能对车辆无钥匙进入系统无效原因进行分析	3	
实施方案制订	能清晰地制订并填写车辆无钥匙进入系统无效故障诊断与排除的准备作业计划	5	
	能组织或协同工作小组成员,明确本次任务所需仪器设备、工具、材料的准备与清点,并准备记录	5	
	能组织或协同工作小组成员交流,优化检查方案并记录	5	
任务实施	验证车辆无钥匙进入系统无效故障现象	5	
	读取故障码和数据流	5	
	门锁执行器及相关线路故障诊断	5	
	检查钥匙发射器	5	
	车门外把手开锁/上锁开关及相关线路故障诊断	5	
	车门天线故障诊断	5	
	无钥匙进入系统控制模块故障诊断	5	
	遥控门锁接收器模块故障诊断	5	
	重新编码所有发射器	5	
	验证车辆无钥匙进入系统无效故障是否排除	5	
任务评价	能通过本次任务实施,结合自己在实训过程中的表现,进行自我评价及自我反思并记录	3	

续上表

评分项目	评分内容及标准	分值(分)	得分(分)
职业素养	遵守职业道德规范,诚实守信,尊重客户	2	
	具备良好的沟通能力和团队协作能力	2	
	遵守安全操作规程,具备安全意识	2	
	具备一丝不苟、精益求精的工匠精神	2	
思政要求	具备绿色环保、节能降碳的环保意识	1	
	具备严谨理性的工作作风,尊重事实和证据	1	
	有实证意识和严谨的求知态度	1	
	有精益求精的质量管控意识	1	
	具备热爱劳动、敬业奉献的劳动精神	1	
总计		100	

改进建议：

教师签字：

日期：

学习活动3　汽车发动机防盗指示灯点亮故障诊断与排除

 一、明确任务

根据任务描述,车主反映该车停在停车场后无法起动,并且仪表上发动机防盗故障灯点亮,需要对车辆防盗系统进行检查与更换,使其恢复正常使用性能。

 二、工作准备与计划制订

（一）知识准备

1. 发动机防盗系统的作用及组成

发动机防盗系统的作用:保证钥匙的合法_____,防止非法的车钥匙起动车辆,并导致车主的车辆发生盗抢,造成不必要的损失。

发动机防盗系统是一种被动防盗系统，由＿＿＿＿＿＿＿＿、＿＿＿＿＿＿＿＿、
＿＿＿＿＿＿＿＿及具有发射应答器芯片的点火钥匙等组成。发动机防盗系统的基本组成如图 2-15 所示。

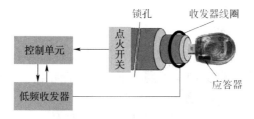

图 2-15　发动机防盗系统基本组成

2. 发动机防盗系统的工作原理

点火钥匙内装有的芯片，每个芯片内都装有固定的＿＿＿＿＿＿＿，只有钥匙芯片的 ID 与发动机的 ID ＿＿＿＿＿＿＿时，汽车才能起动。如果不一致，发动机无法起动。当车主转动钥匙起动车辆时，基站发射低频信号开始认证过程。钥匙端应答器工作能量由基站低频信号提供，在认证过程中，置于钥匙中的应答器首先发送自身的 ID 号，通过＿＿＿＿＿＿＿的验证，基站会发出一串随机数和＿＿＿＿＿＿＿，同时应答器作出回应。为了提高安全性，每次发送的信号都是经过加密的数据。

汽车防盗系统工作原理

发动机防盗系统（IMMO）主要通过发动机控制单元 ECU 来控制发动机，整个方案包括＿＿＿＿＿＿＿、MCU、＿＿＿＿＿＿＿和＿＿＿＿＿＿＿（例如 CAN、LIN 收发器）。在尺寸的限制下，NXP 推出新一代的单芯片解决方案｛ABIC2｝，将这些芯片用一块专用 IC 来实现。它包括了＿＿＿＿＿＿＿、＿＿＿＿＿＿＿及＿＿＿＿＿＿＿，实现了单芯片的远程 ECU 通信，只需要三根线（Power、GND 和 LIN）就可以实现 IMMO 功能。发动机防盗系统基本工作原理如图 2-16 所示。

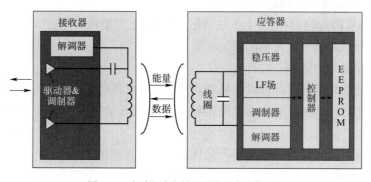

图 2-16　发动机防盗锁止系统基本工作原理

当点火钥匙插入锁芯时，钥匙中的＿＿＿＿＿＿＿＿＿＿＿发射一组电子编码到位于点火开关锁芯的＿＿＿＿＿＿＿＿＿＿＿，信号被发射应答器钥匙放大器的＿＿＿＿＿＿＿接收，经放大器放大并由＿＿＿＿＿＿＿＿＿＿＿接收。只有当钥匙编码与发射应答器钥匙控制

单元中注册的编码_____时,发动机才能被起动。如果钥匙编码与发射应答器钥匙控制单元中注册的编码不同,ECM 将使发动机停止喷油和点火,发动机将无法起动。

3. 芯片钥匙知识

一个芯片是一个短小的_____和_____装置。这个词最早产生于 1944 年。在基础学科里,一个芯片是一个微小的记忆不异常变化的集成电路块的代称,记忆不异常变化的意思是这种记忆类型是不需要不断保持能量的。同样这种集成块是一个转动装置,由很多完好的金属丝缠在一个真空管上。

现今有两种基本的芯片。第一种类型是电路连接的_____系统,这种芯片不受体积的限制,再小也能传送信息,发送的范围可以从几厘米到几千米不等,现在已经用在卫星和飞机上,这个系统需要大量的电量支持。

第二种类型是汽车制造商使用的_____系统。磁性芯片系统在性质上是被动的,不需要电能支持,也不需要自身的超级能量。它们的操作依靠 125kHz 的频率运行。当没有外界和自身能量支持时,它的传送范围受到限制,只能在 1~15m 内。在许多汽车芯片系统里,钥匙的识别是相似的。当把一把钥匙插入点火锁中并转动到"ON"或"START"的位置,点火锁芯的_____将对钥匙的芯片进行读取;芯片都有固定的_____,线圈将读取出的数字信息与防盗系统中预存的数字信息_____,一旦一致将继续车辆发动的下续步骤;否则不执行后续步骤。

芯片可以制成不同的形状和尺寸,广泛应用于多个领域,例如仓库托盘管理、零售衣服、动物的零散管理、包括汽车电动系统的识别等等。

4. 钥匙使用注意事项

(1) 未经授权而进行的变更或改装可能会使防盗系统操作无效。

(2) 为了避免损坏钥匙,避免让钥匙掉落、把钥匙弄湿、使钥匙与任何类型的磁场相接触、将钥匙暴露于高温场所等情况。

(3) 起动发动机时,不得发生下述情形,这是由于发动机可能会因为从点火钥匙发送的电子信号没有被正确传输而无法起动。

①钥匙端部有钥匙环。

②其他钥匙的金属部分或者金属物体接触到钥匙端部。

③备用钥匙或者配备有发动机防盗锁止系统的其他汽车的钥匙接触或者靠近钥匙端部。

④电子设备或者其他一些电子产品接触或者靠近钥匙。

(4) 起动准备当点火开关从 ON(打开)位置被旋转至 ACC 位置时,此系统准备就绪,仪表板中的安全指示灯每 2s 闪亮一次,直至解除系统。

(5) 当使用正确的点火钥匙将点火开关旋转至 ON(打开)位置时,系统被解除,安全指示灯亮起大约 3s,然后熄灭。如果使用正确的点火钥匙无法起动发动机,而且安全指示灯保持点亮或者闪亮,则系统可能出现故障。请向授权的维修人员进行咨询。

(6)如果您的发动机防盗系统或者钥匙存在故障,请向授权的维修人员咨询。

5. 大众第五代防盗系统

1)组成

发动机防盗系统系统的组成部件主要包括:_____、_____、_____、_____、数据总线诊断接口、钥匙接收器天线、_____和仪表等。其组成部件如图 2-17、图 2-18 所示。

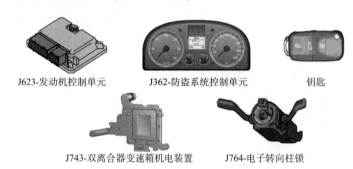

图 2-17　大众第 5 代防盗系统部件

图 2-18　大众第 5 代防盗系统部件(不属于防盗部件)

2)各控制单元功用

(1)发动机控制单元。

发动机控制单元(ECU),通常也称发动机控制模块(ECM),如图 2-19 所示。发动机控制单元是一种电子控制单元,用于控制内燃机上的一系列执行器以确保最佳_____,它通过从发动机舱内的多个_____读取值、使用多维性能图(查找表)解释数据以及调整发动机_____来实现这一点。在 ECU 出现之前,空气-燃料混合物、点火正时和怠速是通过机械和气动方式进行机械设置和动态控制的。其中发动机控制单元还写有特定的_____,当控制单元检测到非法钥匙或者防盗系统出故障时,燃油控制系统会停止工作。

(2)变速器控制单元。

变速器控制单元由_____、_____等组成,如图 2-20 所示。它的作用是对各种描述当前车辆行驶状态的_____进行处理,根据内部设定的控制程序向各个执行器发出指令,从而控制当前挡位。大众五代防盗系统就将变速器控制单元列入控制中。

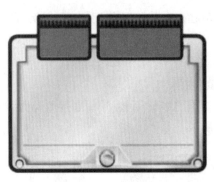 

图2-19　发动机控制单元　　　　图2-20　变速器控制单元

(3) 舒适系统控制单元。

舒适系统控制单元有_____、氛围灯_____、上下车座位_____等功能。

车辆舒适进入是指驾驶人在开启车门时无需使用按动遥控器的开锁键,只要钥匙在驾驶人身上,驾驶人只需拉动车门把手,车辆舒适进入系统便会自动解锁车门。

(4) 数据总线诊断接口。

数据总线诊断接口可以看作是一个_____,也是总线系统里面的一个站点。它可以对系统数据总线进行_____,也可以提供其他数据总线,例如光导总线或者是提供系统数据总线的便捷传输。数据总线诊断接口的作用还包括加装控制单元,可以对故障记录进行控制,也可以对控制单元是否安装了未编码控制单元进行检测。

(5) 电子转向柱锁控制单元。

电子转向管柱锁的工作原理主要基于_____。发动机控制单元是车辆电子化控制系统的一个重要部分,负责检测各系统的运行状况以及保持车辆的稳定性。通过与发动机控制单元的通信,电子转向管柱锁可以控制车辆的_____。

(6) 智能钥匙。

靠近汽车时:驾驶人将口袋里的钥匙靠近汽车时,钥匙和汽车便开始通过_____交换已设定好的指令信息,随即汽车的_____和_____以及发动机的控制系统全部被激活。

打开车门时:只要驾驶人一碰触车门把手,_____就会探测到这一压力,同时电机便会打开_____,接着_____、_____和_____便会自动调整到合适于车主的位置。

起动前:驾驶人踩下制动踏板,_____会被随即打开。同时_____也会被释放,最后主制动器自动松开。

下车时:下车时,驾驶人必须按下_____,如果闪光灯亮起则表示车门已安全_____。汽车上锁的同时,钥匙和汽车就会重新约定好一个新的指令信息。

(7)仪表。

①仪表安全指示灯：位于组合仪表内。该安全指示灯只有在点火开关置于_____位置，且遥控和防盗警报系统或车辆防盗系统启用时，才会由组合仪表控制点亮。

②仪表台安全指示灯：位于仪表台中央，与_____集成在一起。该安全指示灯只有在点火开关置于_____位置，且_____启用时才工作。此外，仪表台安全指示灯的工作状态可以指示遥控和防盗警报系统当前的工作模式。

3）各控制单元工作步骤

各控制单元的工作过程如图2-21所示。具体工作过程如下：

(1) 按下起动开关E378，J764对开关E378的信号进行处理。

(2) J764唤醒CAN，并询问防盗控制单元是否可启动。

(3) 防盗控制单元向KESSY控制单元J965发出请求，请求允许启动和访问。

(4) 车内的无钥匙进入系统天线用125 kHz频率针对已与车辆匹配的钥匙发送唤醒信号。

(5) 经授权的钥匙识别其模式，并用433kHz的频率将其应答器数据发送至车载电源控制单元J519。

(6) J519将数据传送至防盗系统控制单元J362。

(7) J362根据匹配的钥匙数据检查应答器数据。

(8) 如果识别到正确的应答器数据，CAN信息（钥匙OK/解锁ESCL）被发送至J764。

(9) J764解锁转向盘并将CAN信息（电源端子15可以启动）发送至J519。

(10) J519起动接通15号端子并使CAN总线传递信号（端子15启动）。

(11) 其余CAN总线被唤醒。

(12) 在经过启动批准以及防盗锁止系统数据验证之后，发动机控制单元J623向防盗锁止控制单元发出询问。

(13) 如果数据匹配成功，防盗锁止控制单J362向发动机控制单元发出起动批准。

(14) J743控制单元将其批准请求和防盗锁止系统数据验证请求发送至防盗锁止控制单元。

(15) 如果数据匹配成功，防盗锁止控制单元向J743发出启动批准。

(16) 其他防盗锁止系统从属设备陆续发送其请求，并接收到来自防盗控制单元的批准。

6. 发动机防盗系统导致无法起动的原因分析

一般由于发动机防盗系统导致发动机无法起动的可能原因有以下几个方面：

(1) 汽车发动机防盗系统故障。

(2) 钥匙芯片故障。

(3) 磁场干扰故障。

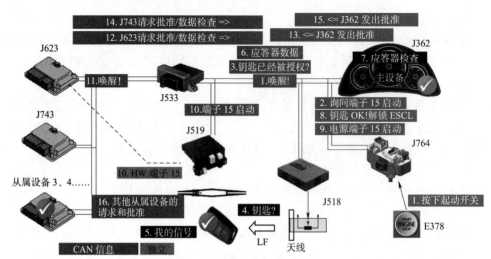

图2-21　发动机防盗锁止系统基本组成

(二)制订工作方案

根据情境描述的故障现象,查阅维修手册等资料,制订一份尽可能详细的汽车发动机防盗指示灯点亮故障诊断与排除的解决方案。

1. 任务分工(表2-17)

学生任务分配表　　　　　　　　　　　　　　　　表2-17

班级		组号		指导老师	
组长		任务分工			
组员1		任务分工			
组员2		任务分工			
组员3		任务分工			
组员4		任务分工			
组员5		任务分工			
组员6		任务分工			

2. 工量具、仪器设备与耗材准备

(1)使用的工量具有:_____。

(2)使用的仪器设备有:_____。

(3)使用的耗材有:_____。

3. 具体方案描述

_____
_____
_____
_____

三、计划实施

(一)安全注意事项及技能要点

1. 安全注意事项

(1)对于控制单元的检查中,必要时遵循防静电处理规程。

(2)拆卸一些内饰时,需使用专用工具或头部缠有保护胶带的螺丝刀。

(3)用头部缠有保护性胶带的螺丝刀,撬开发射器壳盖。

(4)拆卸钥匙发射器时,小心处理每个零件,因为它们都是精密电子零件。

2. 技能要点

(1)测量电脑端子时必须要用适配线速,避免插接器端子损坏。

(2)拆卸蓄电池时,不要推挤端子,不要强行用力撬动蓄电池,不要用湿手触摸蓄电池,不要触碰或移动发射器内的任何零部件。

(3)重新编码钥匙时注意,当编码钥匙超过 8 把时,以前编码的钥匙将失效。

(4)拆卸电器元件时,需断开蓄电池负极端子。

(5)重新连接蓄电池负极端子时,需对某些系统初始化,重新调整时钟、收音机等。

(二)发动机防盗系统无法启动故障诊断与排除

1. 验证发动机防盗系统无法启动故障现象

发动机防盗系统基本检查及故障现象确认的操作方法及说明见表 2-18。

发动机防盗系统基本检查及故障现象确认操作方法及说明　　表 2-18

步骤	操作方法及说明	质量标准及记录
1. 车辆安全防护	(1)安装车内防护。 (2)安装车外防护。 (3)安装车轮挡块	□完成　□未完成 □完成　□未完成 □完成　□未完成
2. 维修车辆信息登记	(1)记录车牌号码。	□完成　□未完成 车辆号牌记录: _____
	(2)记录车辆 VIN 码。	□完成　□未完成 车辆 VIN 码记录: _____
	(3)记录车辆行驶里程。	□完成　□未完成 车辆行驶里程记录: _____
	(4)记录维修车辆燃油液位	□完成　□未完成 车辆燃油液位记录: _____

续上表

步骤	操作方法及说明	质量标准及记录
3.车辆基本检查	(1)车辆外观基本检查。 (2)发动机舱基本检查	□完成 □未完成 外观异常记录： _____ □完成 □未完成 发动机舱异常记录： _____
4.发动机防盗系统检查	发动机防盗系统检查	□完成 □未完成 发动机防盗系统功能检查异常情况记录： _____
5.车辆故障码及数据流读取记录	(1)记录发动机防盗系统相关故障码。 (2)记录发动机防盗系统相关数据流	□完成 □未完成 故障码记录： _____ □完成 □未完成 数据流记录： _____

2.舒适网络及网络上分布的模块故障诊断

舒适网络及网络上分布模块故障诊断的操作方法及说明见表2-19。

舒适网络及网络上分布模块故障诊断的操作方法及说明　　　表2-19

步骤	操作方法及说明	质量标准及记录
检查舒适网络是否存在故障	(1)使用诊断仪读取车辆故障代码。 (2)查阅舒适CAN网络电路图。 (3)找到车辆舒适CAN对应的插头节点和各个控制单元的安装位置。 (4)根据故障代码提示，分析对应的故障点	□正确诊断仪 □正确使用万用表 □正确识读舒适CAN的电路图 □能根据资料提示找到对应的控制单元 □能分析故障点 □学习过程中遵循"8S"管理规定

3.驱动系统CAN网络及网络上分布模块故障诊断

驱动系统CAN网络及网络上分布模块故障诊断的操作方法及说明见表2-20。

驱动系统 CAN 网络及网络上分布模块故障诊断的操作方法及说明　　表 2-20

步骤	操作方法及说明	质量标准及记录
检查驱动系统 CAN 网络是否存在故障	（1）使用诊断仪读取车辆故障代码； 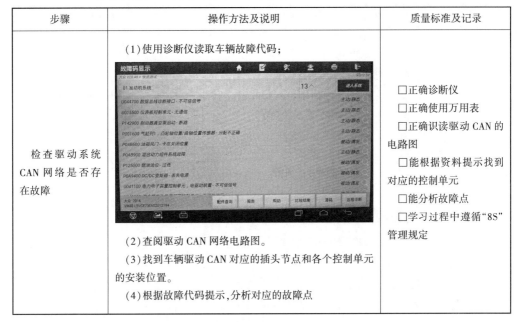 （2）查阅驱动 CAN 网络电路图。 （3）找到车辆驱动 CAN 对应的插头节点和各个控制单元的安装位置。 （4）根据故障代码提示，分析对应的故障点	□正确诊断仪 □正确使用万用表 □正确识读驱动 CAN 的电路图 □能根据资料提示找到对应的控制单元 □能分析故障点 □学习过程中遵循"8S"管理规定

4. 起动开关和电子转向柱锁故障诊断

起动开关和电子转向柱故障诊断的操作方法及说明见表 2-21。

起动开关和电子转向柱故障诊断的操作方法及说明　　表 2-21

步骤	操作方法及说明	质量标准及记录
检查起动开关和电子转向柱锁故障	（1）检查起动开关和电子转向柱锁是否存在故障代码。 （2）检查起动开关和电子转向柱锁数据流，起动开关的挡位信息，电子转向柱锁是否解锁。 （3）起动开关和电子转向柱锁的拆装。 （4）对新的起动开关和电子转向柱锁进行编程匹配	□正确使用诊断仪 □正确使用万用表 □正确判断搭铁线路是否正常 □正确判断电源线路是否正常 □规范更换起动开关和电子转向柱锁 □能对起动开关和电子转向柱锁进行编程 □学习过程中遵循"8S"管理规定

5. 钥匙芯片故障诊断

钥匙芯片故障诊断的操作方法及说明见表 2-22。

钥匙芯片故障诊断的操作方法及说明　　　　　　表2-22

步骤	操作方法及说明	质量标准及记录
检查钥匙芯片是否能被诊断仪读到信息	(1)使用钥匙芯片检测仪。 (2)读取芯片类型。 (3)查看芯片数据是否正常。 (4)得出芯片是否正常结论。 (5)检测钥匙电池电压,更换钥匙电池。	□正确使用钥匙芯片诊断仪 □能分解钥匙并更换芯片 □能检测钥匙电池电压,更换钥匙电池 □学习过程中遵循"8S"管理规定

6.检查发动机防盗系统无法启动故障是否排除

重新连接所以连接件,安装拆卸的所有部件,验证汽车发动机防盗系统故障是否排除。

四、评价反馈(表2-23)

评价表　　　　　　表2-23

评分项目	评分内容及标准	分值(分)	得分(分)
学习目标	能明确本任务的知识、技能、素养目标,理解任务在工作中的重要程度	5	
工作任务分析	能清晰描述完成本次工作任务内容	2	
	能清晰描述完成本次工作任务需必备的技能与知识点	2	
有效信息获取	能描述发动机防盗系统的作用	2	
	能叙述发动机防盗系统的组成	2	
	能描述发动机防盗系统的工作原理	3	
	能对发动机防盗系统无法起动车辆原因进行分析	3	
实施方案制订	能清晰地制订并填写发动机防盗系统无法起动车辆故障诊断与排除的准备作业计划	5	
	能组织或协同工作小组成员,明确本次任务所需仪器设备、工具、材料的准备与清点,并准备记录	5	
	能组织或协同工作小组成员交流,优化检查方案并记录	5	

续上表

评分项目	评分内容及标准	分值(分)	得分(分)
任务实施	验证汽车发动机防盗系统故障现象	5	
	读取故障码和数据流	5	
	检查舒适网络及网络上分布模块是否存在故障	10	
	检查驱动系统CAN网络及网络上分布模块是否存在故障	10	
	检查起动开关和电子转向柱锁故障	5	
	检查钥匙芯片是否存在故障	10	
	验证汽车发动机防盗无法起动故障是否排除	5	
任务评价	能通过本次任务实施,结合自己在实训过程中的表现,进行自我评价及自我反思并记录	3	
职业素养	遵守职业道德规范,诚实守信,尊重客户	2	
	具备良好的沟通能力和团队协作能力	2	
	遵守安全操作规程,具备安全意识	2	
	具备一丝不苟、精益求精的工匠精神	2	
思政要求	具备绿色环保、节能降碳的环保意识	1	
	具备严谨理性的工作作风,尊重事实和证据	1	
	有实证意识和严谨的求知态度	1	
	有精益求精的质量管控意识	1	
	具备热爱劳动、敬业奉献的劳动精神	1	
总计		100	

改进建议:

教师签字:
日期:

任务习题

一、单选题

1. 下列哪一项不是汽车防盗报警系统激活后造成的现象?( )
   A. 喇叭鸣响　　　B. 车外灯闪烁　　　C. 发动机不能起动　　D. 安全指示灯点亮
2. 大多数车辆的防盗系统都包括安全防盗系统和( )。
   A. 车辆防盗系统　　B. 空调系统　　　C. 制动系统　　　　D. 传动系统

3. 当安全防盗系统进入防盗状态后,当非法开启(　　)时,车辆不会实现报警。
    A. 任一车门　　　B. 行李舱盖　　　C. 发动机舱盖　　　D. 加油口盖
4. 下列哪一项不属于安全防盗系统的组成部件?(　　)
    A. 自动变速器控制模块　　　　　　B. 车身控制模块
    C. 遥控门锁接收器模块　　　　　　D. 遥控钥匙
5. 车门开关集成在四个车门锁栓内部。(　　)通过监测每个车门开关的状态信号来确定车门的当前状态。
    A. 发动机控制模块　　　　　　　　B. 自动变速器控制模块
    C. 车身控制模块　　　　　　　　　D. 遥控门锁接收器模块
6. (　　)接收遥控接收器RFA传来的钥匙身份验证信息,并验证钥匙与车辆的身份信息是否一致。如果验证通过,将允许车辆起动,否则车辆将无法起动。
    A. 自动变速器控制模块　　　　　　B. 车身控制模块
    C. 遥控门锁接收器模块　　　　　　D. 遥控钥匙
7. 无论是车内天线还是车外天线都与PEPS模块相连,其主要作用是接收(　　)的指令,向外发送范围约为1米的125kHz的低频信号。
    A. 自动变速器控制模块　　　　　　B. 车身控制模块
    C. PEPS模块　　　　　　　　　　　D. 遥控钥匙
8. 无钥匙进入系统的天线共有_____个,其中车内_____个,车外_____个。(　　)
    A. 6、3、3　　　B. 6、4、2　　　C. 4、2、2　　　D. 5、3、2
9. 对于无钥匙进入系统的操作,技师甲说:通过被动方式进入车辆,只可以解锁驾驶人侧车门。技师乙说:通过车辆个性化设置,可以进行仅驾驶人侧车门和全车车门解锁。说法正确的是(　　)。
    A. 仅技师甲正确　　　　　　　　　B. 仅技师乙正确
    C. 技师甲和乙都错误　　　　　　　D. 技师甲和乙都正确
10. 带无钥匙进入系统的车辆,当车厢内遗留一把遥控钥匙,车主按压车门上锁开关锁止车门时。技师甲说:车门可以正常上锁。技师乙说:车门无法上锁。说法正确的是(　　)。
    A. 仅技师甲正确　　　　　　　　　B. 仅技师乙正确
    C. 技师甲和乙都错误　　　　　　　D. 技师甲和乙都正确
11. 汽车防盗装置的功能是(　　)。
    A. 可以避免汽车被无权使用者开走　B. 保护电路
    C. 缩小工作电流　　　　　　　　　D. 防止维修工意外启动
12. 防盗警告灯是用来指示防盗器工作状态的,当使用合法钥匙接通点火开关时,警告灯几秒钟后就会(　　)。
    A. 熄灭　　　B. 常亮　　　C. 闪烁　　　D. 报警

13. 点火开关接通时,读识线圈把能量用( )的方式传送给脉冲转发器。
   A. 导线传输　　　B. 互感　　　C. 感应　　　D. 呼叫
14. 如果出现更换发动机电控单元、防盗控制单元、汽车钥匙等,则需要进行( )。
   A. 钥匙匹配　　　　　　　　B. 钥匙更换
   C. A 和 B 都不正确　　　　　D. 控制单元学习
15. 带转发器的汽车钥匙,在其内部装有一个脉冲转发器,它是一种不需要电池驱动的感应和( )元件。
   A. 接收　　　B. 发射　　　C. 开关　　　D. 触发

二、判断题

1. 车辆安全防盗系统处于警戒状态时,当按下遥控器的"UNLOCK"按钮时,30s 内车门或行李舱盖没有被打开时,车门会自动上锁。　　　　　　　　　　　(　　)
2. 遥控门锁接收器模块安装在车内后视镜底座上,接收来自遥控钥匙的车门上锁或解锁指令,并将该指令通过串行数据专线发送给发动机控制模块。　　(　　)
3. 发动机控制模块通过监测行李舱开关的状态信号来确定行李舱盖的当前状态。
   　　　　　　　　　　　　　　　　　　　　　　　　　　　　　　　　(　　)
4. 在安全防盗系统启用时,如果车身控制模块监测到车辆有非法侵入,就会触发防盗报警系统:喇叭鸣响、转向灯闪烁、仪表安全指示灯点亮等。　　(　　)
5. 使用有效钥匙将点火开关转到 ON 位置或按下遥控钥匙上的解锁按钮即可解除警报。　　　　　　　　　　　　　　　　　　　　　　　　　　　　(　　)
6. 无钥匙起动是指驾驶人不用拿出钥匙,只要钥匙在车内,直接按下起动开关,车辆即可起动。　　　　　　　　　　　　　　　　　　　　　　　　(　　)
7. 遥控接收器(以下简称 RFA)一般位于驾驶室内前风窗玻璃上方或顶棚上,其主要功能就是接收遥控钥匙发来的无线电信号,并对无线电信号进行处理后,以数据信息的方式通过车载网络传送给发动机控制模块。　　　　　　　　(　　)
8. 当驾驶人随身携带有效遥控钥匙靠近车辆左前门并拉动门把手,左前门把手内的车门开锁开关闭合向 PEPS 模块发送一个开启左前门的信号。　　(　　)
9. 无钥匙启动是 PEPS 系统的一个重要功能。当驾驶室内至少有一把有效的遥控钥匙时,如果驾驶人按动点火开关,则 BCM 模块接收点火开关的起动信号。(　　)
10. 车门天线传送信号以定位智能钥匙,如果遥控钥匙处于天线发射范围内(约为 1 米),则遥控钥匙会接收到此信号,此信号是一个钥匙身份识别的请求信号。(　　)
11. 如果防盗系统出现故障,也可以通过读取数据流的方式确定故障部位和原因。
   　　　　　　　　　　　　　　　　　　　　　　　　　　　　　　　　(　　)
12. 汽车防盗装置是一种点火开关接通后开始工作的电子防盗装置。　　(　　)
13. 防盗控制单元 4 位数据的密码是随机改变的。　　　　　　　　　　(　　)
14. 汽车防盗装置的读识线圈装在机械点火开关内部。　　　　　　　　(　　)
15. 识读线圈在点火开关接通时,把能量传送给钥匙中的脉冲转发器。　(　　)

16. 对于具有防盗装置的车辆,如果使用非法钥匙,接通点火开关后,防盗警告灯会常亮。( )

17. 只有更换防盗控制单元才需要对防盗系统进行匹配。( )

18. 如果系统在读汽车钥匙的过程中发现错误,如将已匹配过的钥匙再次进行匹配等,防盗警告灯将会以 3 次/s 的频率闪烁,读汽车钥匙过程自动中断。( )

19. 每次匹配汽车钥匙的过程顺利完成后,防盗警告灯将会熄灭。( )

20. 如果匹配的钥匙中脉冲转发器是坏的,或者汽车钥匙中没有脉冲转发器,故障检测仪将显示功能不清楚或此功能不能执行。( )

三、实操题

1. 如何进行车门开关及相关线路故障诊断?

2. 请写出检查钥匙发射器的流程。

学习任务三

汽车视听系统工作异常故障诊断与排除

学习目标

1. 知识目标

(1) 能描述汽车屏幕、功放、主机的作用、类型及结构。
(2) 能说出汽车屏幕、功放、主机电路的组成、控制原理及控制电路分析。
(3) 能说出汽车屏幕、功放、主机工作异常的故障诊断方法与故障原因。
(4) 能说出导航系统的作用、类型及结构。
(5) 能说出导航系统的电路组成、控制原理及控制电路分析。
(6) 能说出导航系统工作异常的故障诊断方法与故障原因。

2. 技能目标

(1) 能按照维修接待工作规范和专业问诊法与客户进行有效沟通,获取有效故障信息。
(2) 能结合所学知识和经验,采用故障再现方法,确认音响系统无声音等故障现象。
(3) 能识读任务书,明确工作任务和技术要求,按照故障诊断技术规范标准,参照维修手册、维修资料和前期获取的相关信息。
(4) 能通过故障树、鱼骨图等方法,综合分析故障原因,并制订故障诊断方案。
(5) 能根据故障诊断方案,正确使用检测设备仪器,通过数据分析处理、零部件替换等方式方法,在规定的时间内完成汽车视听系统工作异常故障诊断与排除。
(6) 能根据客户确认的修复方案,正确选择配件和耗材,正确使用工具及设备,实施维修作业。
(7) 能根据汽车视听系统相关性能要求,按行业检验标准对维修作业质量进行自检,在维修工单上填写自检结果、检修建议等信息并签字确认后,交付班组长检验。
(8) 能展示工作成果,进行任务评价,总结工作经验,优化工作方案。

3. 素养目标

(1) 能同资料管理员、工具管理员、配件管理员、班组长和车间主管等相关人员进行有效沟通，做好作业前的准备。

（2）能从汽车维修质量、经济性、客户需求等角度制订工作方案。

（3）在故障诊断过程能保持严谨理性的工作作风，尊重事实和证据，有实证意识和严谨的求知态度。

（4）在维修作业中具有精益求精的质量管控意识。

（5）能展示故障诊断的技术要点，总结工作经验，分析不足，提出改进措施。

（6）能对维修场地设备进行日常维护保养，遵循"8S"管理规定。

（7）能规范进行垃圾分类处理，废弃物循环利用，培养绿色环保、节能降碳的环保意识。

参考学时

60 学时

任务描述

一辆汽车进厂维修，客户反映车辆音响出现不能播放音乐的故障，需要对其进行检修。

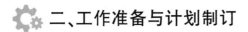

学习活动1 汽车视听系统无声音故障诊断与排除

一、明确任务

根据任务描述，车主反映故障车辆在使用中视听系统无声音，需要你对故障车辆视听系统主要部件进行检查与更换，使其恢复正常使用性能。

二、工作准备与计划制订

（一）知识准备

1. 汽车视听系统概述

1）汽车视听系统的概念

从1932年第一台车载收音机，到现今汽车信息化产品的出现，从八十年代几个亿的市场份额，到21世纪初上千亿的产业规模，汽车电子产品发生着翻天覆地的变化。随着信息网络的不断深入和技术创新，汽车进入移动信息化时代的风暴已经来临随着新技术的发展,汽车将不再是孤立的单元,而是成为活动的网络节点。视听系统在车内可以构成独立的网络,同时它也是世界网络的一个节点,因此可以提供许多相应的服务。

汽车视听系统是将汽车内外环境的各种_____进行集中收集和处理,并利用_____、_____、_____等技术实现多媒体娱乐、GPS定位导航、无线上网、无线通信、安全防范、移动办公、数字仪表与故障检测等功能,提高驾驶的安全性和舒适性的汽车信息娱乐设备。既有别于现在的DVD、导航设备,也与普通PC或笔记本电脑有所不同。

2)汽车视听系统未来发展趋势

(1)功能集成化。

多功能集成是未来汽车视听系统发展的重中之重,将汽车的_____、_____和_____及_____进行有效的合成仍是其流行趋势。

目前汽车视听系统的发展受到六方面需求的牵引,它们包括:

①车载娱乐系统设备需求;

②车载专用导航设备需求;

③具备导航功能的车载无线电通信设备;

④具备导航定位功能的驾驶人辅助信息系统;

⑤具备导航功能的Telematics(远程信息系统);

⑥具备导航功能的移动设备。

汽车前装的导航和信息娱乐产品在未来将趋于融合,更多的娱乐、信息、通信功能(如数字电视、多媒体播放器、办公系统、车载电话和网络)集成在一起,这种多功能一体机将成为中高端汽车的标准配置。

(2)网络应用。

如今,中国已经成为全球最大的移动通信消费国,移动商务的应用需求越来越迫切,随着5G网络的不断完善和普及,5G在车载移动信息通信中将起到至关重要的作用,也将为汽车用户提供更多的高速网络信息功能,在技术驱动的车载信息娱乐市场中,最明显的趋势莫过于基于移动网络的服务将会渗透进汽车娱乐系统的每个角落。未来,5G网络将大幅提升移动网络用户体验,联网速度和质量的突飞猛进为很多应用创造了可能。以语音导航为例,目前市场上的车载语音识别相当原始,音频的处理和存储要受语法和讲话模式的限制。但随着无线高速网络的接入,视听系统就能够使用云端语音识别系统,这样即便自然使用语言也能实现精确的语音控制,同时满足了安全性和便利的需要。基于CDMA/EDGE/3G/HMAX/4G等技术的车载通信系统,利用目前迅猛发展的互联网,使汽车视听系统网络化、平台化、"E"化。通过覆盖全国的GSM/CDMA/GPRS/TD等信号,可实现随时随地无线上网,高速率实现E-Mail、FTP、网上聊天、浏览信息、网络游戏、图片下载、移动办公、电子商务等网络功能,速度快、性能稳定、安全可靠。

在网络平台化的前提下,能够扩展各种功能,如:根据实时路况进行路线计算的智能导航、3D 导航、利用网络平台实现的移动全球眼、蓝牙拨号上网、支持部分网络软件(PPstream)、IPTV、移动办公、播放网络各种媒体格式、数字电视等功能。

(3)汽车总线技术应用。

基于 CAN、MOST、FlexRay 汽车总线技术的汽车视听系统。通过总线的高速_____传输,可使汽车视听系统与车内其他电器总成更快速、更安全地传递信息,也可使车内其他 LCD 屏(例如客车内的吸顶屏、头枕屏)获得高清的数字视频画面,既有利于汽车_____、_____发展方向的实现,体现出前装市场的强大实力,又使使用者体验到高品质的车载系统的娱乐性和舒适性。

(4)软件应用。

基于 DSP 和嵌入式系统的汽车视听系统智能显示的开发,同时支持 Adobe Flash Lite 和 OpenGLES3D 图形等软件,使汽车视听系统与 iPods、U 盘、手机及其他消费设备无缝结合,使显示更加智能、美观。以液晶屏(LCD)作为显示终端,所需的大量、复杂的信息能够以图形方式,灵活、准确地显示在 LCD 屏幕上。基本的要求是_____及_____显示图形,高实时性响应,并且能够接收来自总线和传感器的信号。

视听系统需要先进的硬件支持,同时更需要强大的软件,以满足消费者对功能的需求。_____贯穿系统设计的全过程。在越来越庞大和复杂的系统中,软件栈、多媒体编解码、虚拟执行系统、有吸引力的 HMI 图形化人机界面、移动设备的接口都需要软件支持,"整合"成为汽车视听软件平台的关键词,软件模块化设计、有效的_____以及有效的_____是汽车视听系统开发的有效保证,而支持快速、新型消费类技术运用和升级的软件战略也是非常关键的。

3)高清晰的影音视听

汽车视听系统同时也是一个可以通过用户和其他车辆通信,拥有多种娱乐和信息的系统。比许多其他的音频/视频应用,如家电的 A/V 系统应用要求更丰富。满足人们对汽车娱乐性、舒适性的要求,可进行卫星数字广播接收、车载数字电视接收、CD/MP3/TCA/DVD 播放等,并具有 MP4/MP5/IPOD/USB/RMVB/RM/AV 等多媒体播放功能。音视频文件可以通过_____或_____接入,彻底免去使用碟片的种种麻烦。前置中控台或头枕式真彩显示屏和高保真车载音响,更是为用户提供了专业级视听享受。传统的音视频体验将得到前所未有的提升。车内的音效、视频显示的质量也愈来愈被终端消费者所重视,如高清晰的收音机、数字高清显示屏和环绕声效等。简单以收音机为例,传统的 AM/FM 收音机将会被高清晰度、内容丰富的互联网收音机所取代。

4)收音机

使载波频率按照调制信号改变的调制方式叫_____。已调波频率变化的大小由调制信号的大小决定,变化的周期由调制信号的_____决定。已调波的振幅保持不变。调频波的波形,就像是个被压缩得不均匀的弹簧,调频波用英文字母 FM 表示。

AM:Amplitude Modulation 称为调幅,而 FM:Frequency Modulation 称为调频。FM 指一般的调频广播(76～108MHz,在我国为 87.5～108MHz。SW 是短波,在 10～100m 之间。中波(MW)介于 200～600m 之间,HF 的波长在 10～100m,把 HF 称作短波 (SW:Short Wave)。150～284kHz 之间的叫长波。收音机原理如图 3-1 所示。

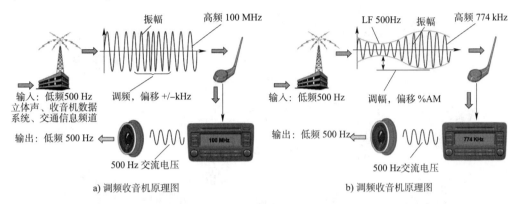

a) 调频收音机原理图　　　　　　　　b) 调频收音机原理图

图 3-1　收音机原理图

2. MIB 信息娱乐系统概述

1) MIB 的基本理念

这种模块化理念的核心是为收音机和导航设备开发一种可以提供各种不同功能的统一的系统结构。也就是说所有结构版本的信息娱乐系统在系统和功能结构方面都是相同的。因此实现了生产商为收音机和导航设备扩展其他的功能,所有设备的表达方式既简单又具有统一的结构。

此外的目的还有在模块化结构中加入更新的私人娱乐、多媒体和电信电气设备研发方案,为终端用户实现更多的使用价值。例如可以接收并显示广播电台的电台徽标,或者不同版本的终端设备可以具备 USB、SD 卡或 iPod 接口。另外所有设备均配备触摸屏。借助创新型用户界面,在行驶中还可以实现直观且更安全的操作。

2) MIB 信息娱乐系统的分类

(1) 主机显示屏一体式。

主机显示屏一体式是指主机、显示屏、功放集成一体实现全部功能,这种类型主机集成度高,对与安装位置布置比较局限,屏幕的安装位置仪表在仪表台中间,布置位置比较有限,现在的流行趋势大屏连屏无法实现,对于车间维修来说出现内部部件故障只能更换一体机总成,增加维修成本。

(2) 主机显示屏分体式。

主机屏幕分体式是指主机、显示屏、功放分开布置,各自作为独立的模块,各部件之间通过线束进行连接。这种类型对显示屏、主机、功放可以根据车辆的结构和线束布置进行灵活布置。对于选配上来说车辆生产时不同配置线束都一样,显示屏的大小和主机的功能可以灵活的选配,不需要对车辆做改动或专门的线束调整,对于车辆维修来说可以做到哪个部件损坏更换单独的损坏部件,也可以节约维修成本。

3. MIB 系统部件组成

MIB 信息娱乐系统的组成部件主要包括：_____、_____、_____、_____、_____、倒车摄像头和 USB 音频接口，部件位置如图 3-2 所示。

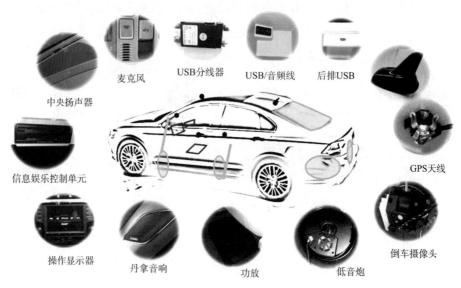

图 3-2　视频系统部件

1) 操作显示单元

操作和显示单元简称_____，该设备配置中，操作和显示单元以及包含了执行设备功能的电子装置的控制单元均处在单独的壳体中。非常平整的操作和显示单元被安装在中控台中，显示单元与信息电子装置控制单元两个组件通过_____和一条_____相互连接。

电气接口安装了可安全进行极性转换的插口：信息电子装置控制单元 J794 的 LVDS 连接（Fakra 插口），如图 3-3 所示。

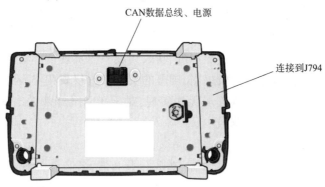

图 3-3　显示屏接口

（1）显示屏的结构。

汽车显示屏经过一定时间的发展，屏幕的类型、尺寸大小和功能都有了比较大的变化。在最初的显示屏是只带物理按键,屏幕是属于不带触屏功能的,显示屏尺寸也比较小。随着发展,屏幕慢慢越来越多地往触摸屏发展,往大尺寸显示屏发展,功能也是越来越完善,显示屏的配置可以由客户进行需求性的选配,如图 3-4 所示。不同的尺寸都可以用来配同一款主机,也可以在买车后进行无损升级。

图 3-4　显示屏

显示屏主要有_____功能和_____功能,信息娱乐系统和车辆的信息显示都能通过显示屏显示,显示屏上同时配备了物理按键 E380 多媒体操作单元和信息显示操作单元 J685,驾乘人员通过显示屏上的物理按键或触摸屏对信息娱乐系统进行操作和设置。显示屏组成如图 3-5 所示。

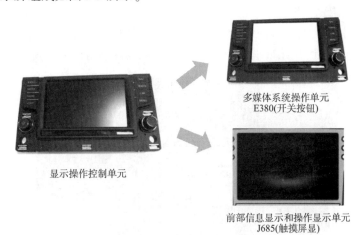

图 3-5　显示屏组成

（2）电容式触摸屏原理。

电容式触摸屏的表面由两块重叠的玻璃板构成,在它们上面镀有一层透明的_____。玻璃板的位置应保证有涂层的一侧相对且导电条形成一个格栅网。不导电的间隔垫片起到防止涂层接触的作用,原理如图 3-6 所示。

电容式触摸屏目前主要应用于智能手机,与电阻式触摸屏不同,显示器不对压力做出反应,而是在用手指进行接触的过程中已经做出反应,工作原理如图 3-7 所示。

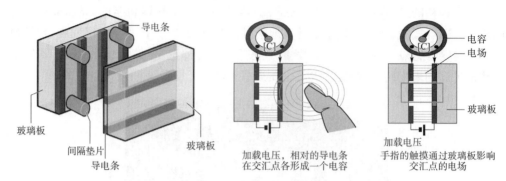

图 3-6 电容式触屏原理 1　　　　　　图 3-7 电容式触屏原理 2

格栅网的每个交汇点都起到_____的作用,因为金属氧化物条与电容板准确相对。如果在两个涂层上加载一个电压,则在它们之间形成一个_____,因此交汇点和电容一样具备了规定的电流容量。

例如用手指触摸这个区域时,通过操作者的电场影响到被触摸交汇点的电场,从而影响电容量。这将导致涂层条_____的电压变化,电子分析装置因此计算出触摸屏上的交汇点坐标。

优点:电子装置可以识别多个单独的触摸。它反应更迅速,无需对触摸屏进行校准。

(3)接近式识别功能。

传感器识别到接近屏幕的手,则在显示屏显示虚拟操作按键,如果没有,则跳回虚拟按键正常显示尺寸,显示屏会做出相应反应,如图 3-8 所示。

图 3-8 屏幕接近识别功能

在触摸屏下面有一个黑色高亮的设计条。在这个设计条后面有四个_____。它们不是独立运行的电子部件,而是前部信息显示和操作系统控制单元的显示单元 J685 的一部分。传感器在约_____cm 半径的探测范围内,发射微弱的红外线。探测范围保证了驾驶人和副驾驶人的接近式传感器都能正常工作。

手在传感器条的探测范围内移动,传感器发射的红外线被手反射并返回到传感器条中。传感器探测到返回的红外线,传感器条据此为信息娱乐系统显示器发出一个显示虚拟操作按键的开关信号,工作原理如图3-9所示。

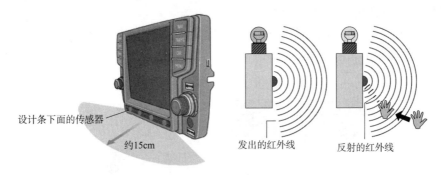

图3-9 屏幕接近功能原理

(4)显示屏电路图分析。

显示屏的工作电源由显示屏供电熔断丝SC10提供电源供电,电源供电异常时会使显示屏操作控制单元E380和显示屏显示单元J685无法工作。＿＿＿＿为显示屏搭铁线,与车身直接搭铁,搭铁线异常同样会导致E380和J685无法工作。＿＿＿＿与＿＿＿＿为显示屏与主机的CAN网络通信线,通信线异常会造成E380的操作功能失效,诊断功能失效。

显示屏通过＿＿＿＿与J533网关相连,显示屏上的操作信息和故障诊断通过CAN数据总线实行,同时显示屏的唤醒也是由CAN数据总线提供信号实现唤醒功能。显示屏工作所需的＿＿＿＿由供电和搭铁线提供,屏幕的电源线和CAN通信线集中在显示屏上的＿＿＿＿里面。＿＿＿＿与＿＿＿＿相互连接,主机的显示信息通过LVDS数据线输送至显示屏,LVDS数据线表面层为金属网状屏蔽线,包裹在绝缘层内部,显示屏电路图如图3-10所示。

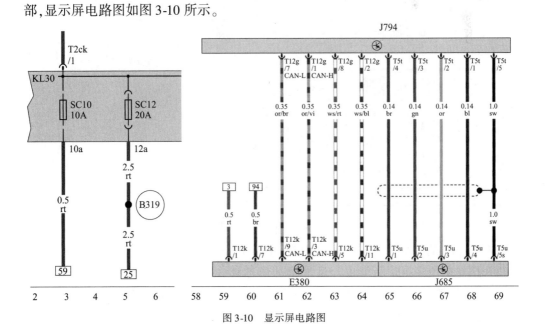

图3-10 显示屏电路图

2) MIB 信息娱乐控制单元

（1）MIB 信息娱乐控制单结构。

MIB 信息娱乐控制单元简称主机，主机也具有模块化结构，也就是说根据不同的功能范围，将所属的电子模块集成到一个壳体中，所有版本均安装在手套箱中，如图 3-11 所示。

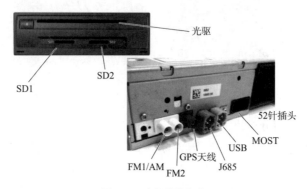

图 3-11　主机模块集成

在正面通过第二个 SD 读卡器可以识别出 Discover Media 的信息电子装置控制单元。这样做是因为只有插入带有导航数据库的 SD 卡才能实现_____功能。可以为导航功能自由选择_____。第二个 SD 读卡器可用于音频播放。另外，Discover Media 还具有一个音频/CD 驱动器，多了 GPS 接口，MIB 系统联网图如图 3-12 所示。

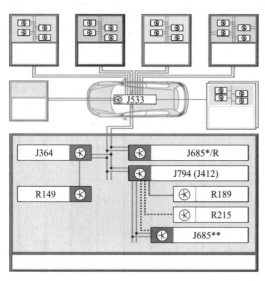

CAN A	驱动CAN数据总线
CAN F	底盘CAN数据总线
CAN K	舒适系统CAN数据总线
CAN I	信息娱乐系统CAN数据总线
CAN D	诊断CAN总线
CAN E	扩展CAN数据总线
LIN	LIN数据总线1,2,…
J364	辅助加热装置控制单元
J412	手机操作电子装置控制单元

图 3-12　MIB 系统联网图

MIB CAN 的 CAN 数据总线在 MIB CAN 的 CAN 数据总线（模块化信息娱乐系统），在信息电子装置控制单元 J794 和前部信息显示和操作系统控制单元的显示单元 J685 之间交换_____和_____。在这两个控制单元之间通过_____和_____交换图像、音频和信息数据。

LVDS 是低压差分信号的缩写。这个英语概念是一种_____接口标准的名称。它描述了数据传输的数据物理准备过程,但并不是纯粹的传输协议,例如文件传输协议 FTP。

如果车辆配备了倒车摄像头,倒车摄像头通过 FSAS 导线与信息娱乐系统相连。FBAS 是彩色图像消隐同步信号的缩写,F 代表彩色信号,它包含颜色信息并且从图像扫描线的最开始发送,三种屏幕基色:_____、_____和_____被集成到一个信号中;B 代表_____,通过电压规定一个点的亮度;A 代表_____,它表示通过一个 0V 电压进行水平和垂直折返;S 代表同步,它负责发射器和接收器之间的协调,在消隐间隙时发送同步信号。

(2)MIB 信息娱乐系统使用的新技术。

MOST150 数据总线,在 MIB 娱乐系统上首次使用了 MOST150 作为音响系统的信号传输。MOST 是"Media Oriented Systems Transport"(媒体导向系统传输)的缩写,它是汽车工业多媒体和信息娱乐系统的联网标准。MOST 是一项用于快速传输多媒体数据,主要是图片、视频和音频数据的协议。协议的基本原理实现了简单且稳定的设备连接。MOST 数据总线通常使用_____来传输数据。MOST 技术一个很大的优势在于统一化的_____、_____和_____(发送器-FOT)。它可以将不同的多媒体设备连接到一个环状的网络结构中。与前款 MOST25 相比,新 MOST150 数据总线在数据传输过程中具有更高的带宽,凭借 3072bit/传输单元(帧)的传输速度,其带宽是 MOST25 的六倍。

(3)主机安装位置。

MIB 信息娱乐系统的低配主机是与显示屏集成于一体,布置在仪表台中间位置,MIB 信息娱乐系统中配和高配主机所有版本均安装在手套箱中。拆装专用工具和安装位置如图 3-13 所示。

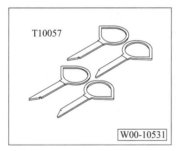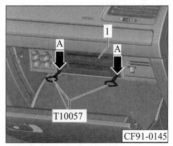

图 3-13 主机拆装专用工具和安装位置

(4)主机电路图分析。

主机的供电电源由 SC12 熔断丝提供_____,供电异常会导致主机无法工作,显示屏的操作无效,显示屏无法显示,功放无法发出声音。_____号针脚为主机搭铁线,与车身直接搭铁,搭铁线异常同样会导致主机无法工作。_____与_____主机的 CAN 网络通信线,车上其他模块与主机的信息传输都通过 CAN 网络实现,没有通信时功放能实现自身的各项功能,但像倒车雷达和车辆警告报警都无法通过功放发出声音。_____插头为_____光纤插头,主机和功放之间的信号传输依靠 MOST 总线,总线传输出故障会导致视听系统无声音。主机电路图,如图 3-14、图 3-15 所示。

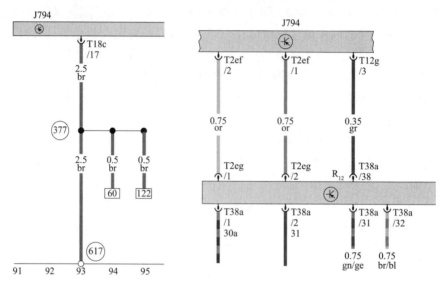

图 3-14 主机电路图 1

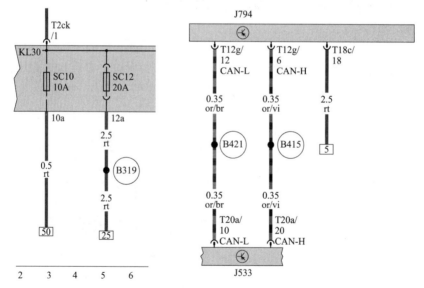

图 3-15 主机电路图 2

3）功放（数字式音响套件控制单元 J525）

数字式音响套件控制单元简称功放,视听系统功放分为两种形式:没有单独功放的 8 扬声器音响系统和带功放的高端 10 扬声器音响系统。没有单独功放的系统是指功放集成在了主机内部,并不是没有功放功能,相对音质和功率要差一些,配备的扬声器也是普通品牌的扬声器。带功放的高端音响系统是指主机内部没有集成功放,他们具有一样的作用与功能,听觉享受上有一定的差距。功放系统结构如图3-16所示。

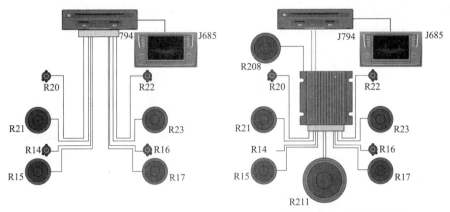

a) 无功放的8扬声器音响系统　　b) 带功放的高端10扬声器音响系统

图 3-16　功放系统结构

视听系统的播放源和声音源是通过主机来协调多种声音源直接的_____,并通过数据线或 MOST 数据总线进行信号传输至功放。功放接收音源信号后进行声音放大处理,根据对不同声道输出一定的电流信号使扬声器产生振动发出声音,电流信号的大小决定扬声器_____。

该系统配备了丹拿音响扬声器套件,丹拿音箱套件系统自有的放大器,安装在左侧前排座椅下面并且与 MOST 数据总线系统相连,如图3-17所示为视听系统各部件连接图。

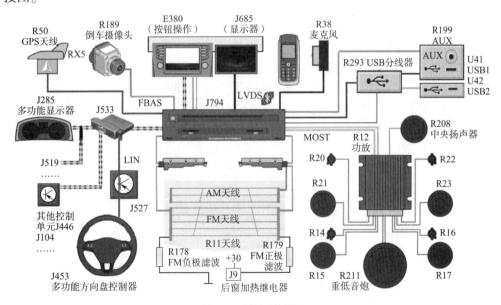

图 3-17　视听系统配置

(1) 高端10扬声器音响系统(丹拿音响套件)。

丹拿音响套件提供9个扬声器和1个双线圈低音扬声器。四个车门内的双路系统

159

分别由一个_____与_____构成,可形成动感且均衡的声音。功放被安装在主驾驶座椅下方位置,功放和扬声器部件的总体安装位置如图3-18所示。不带丹拿音响系统的少了仪表台上的中置扬声器和行李舱的低音扬声器,其他8个扬声器安装位置一致。

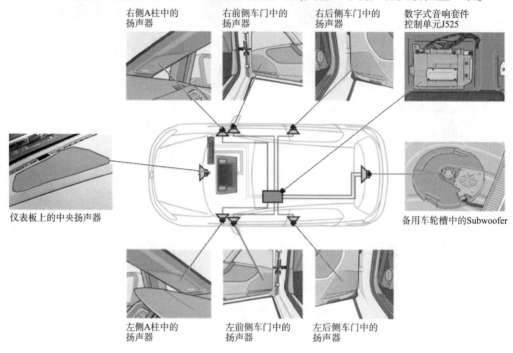

图3-18 功放和扬声器安装位置

(2)扬声器(喇叭)。

丹拿扬声器中使用了由镁硅聚合物材料以及极轻的铝震动线圈构成的_____,膜片由内置_____驱动。这种昂贵的结构,不仅重量轻且空间小,实现了充满动感、令人难忘的低音效果以及清晰逼真的中音效果。扬声器主要组成有:声波、卷边、电气接口、动圈、永久磁铁、磁场、磁极铁芯、铁芯、定心摇臂、隔膜、壳体等。扬声器结构如图3-19所示。

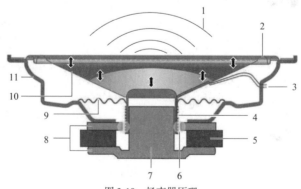

图3-19 扬声器原理

1-声波;2-卷边;3-电气接口;4-动圈;5-永久磁铁;6-磁场;7-磁极铁芯;8-铁芯;9-定心摇臂;10-隔膜;11-壳体

扬声器的工作原理:永磁铁与铁芯用胶水黏合组合产生_____,并固定在壳体底部。隔膜为喇叭口形状,中间小口与中间的动圈用胶水黏合外圈与卷边黏合,卷边与壳体用胶水黏合,_____用胶水把动圈与壳体之间进行位置固定,使动圈在伸缩运动时悬浮与铁芯上不会发生摩擦异响。动圈上面缠绕着线圈,并通过导线引至电气接口上。电气接口通过导线连接至功放,根据功放供给的不同电压电流实现各种_____和_____大小变化,与用磁铁的磁场产生_____和_____,产生振动。振动通过喇叭形的隔膜进行声音放大产生声波,我们视听系统的美妙声音由此产生了。

扬声器的选用材料和结构尺寸设计会影响到声音的品质,_____的大小也会影响到扬声器的_____和频率,在车辆使用中,经过岁月和车内的高温,材料的抗老化能力影响到扬声器的使用寿命,在扬声器发声振动时卷边都会跟着运动,如果_____一旦老化破损,扬声器就会出现异响。扬声器使用的材料也会影响到音质,隔膜的材质会影响到音质。喇叭的尺寸中,一般大尺寸发挥出的声音力量较大,偏向低频声;喇叭的尺寸越小发挥出的音量较小,偏向_____。不同喇叭发挥出不同的_____,满足各种声音的需求。因此丹拿的音响会比普通品牌的音响声音要清晰动态,造价也更贵。

(3)功放电路图分析。

功放的供电电源由 SC12 熔断丝提供_____,供电异常导致功放无法工作,显示屏和主机的功能不受影响,只是声音无法播放。T38a/2 号线为显示屏_____,与车身直接搭铁,搭铁线异常同样会造成功放无法工作。T2eg 插头为 MOST 光纤插头,功放和主机之间的信号传输依靠_____,总线传输出故障会导致视听系统无声音。功放通过导线将电信号输送至扬声器,每个扬声器检测方法都一样。功放电源电路图如图 3-20 所示。

4.汽车视听系统故障原因分析

汽车视听系统是为驾驶人或乘客提供娱乐和驾驶辅助以及警告声音的,声音最终通过_____传到我们的耳朵。车内供电后主机和显示屏自动开机,操作显示屏开启音乐或其他功能的声音开始播放时,显示屏不能开机、主机不能开机、功放不能工作、扬声器不能工作都会导致视听系统无声音。导致视听系统无声音故障的可能原因有以下几个方面:

(1)显示屏线路故障。

(2)主机线路故障。

(3)功放及扬声器线路。

(4)CAN 网络通信故障。

(5)MOST 网络故障。

(6)扬声器故障。

(7)功放内部损坏故障等。

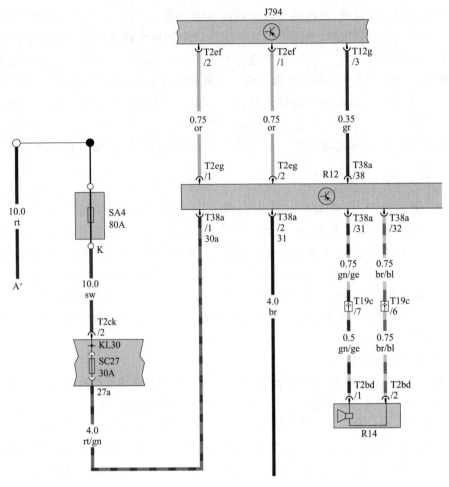

图 3-20 功放电路图

(二) 制订工作方案

1. 任务分工 (表 3-1)

学生任务分配表　　　　　　表 3-1

班级		组号		指导老师	
组长		任务分工			
组员 1		任务分工			
组员 2		任务分工			
组员 3		任务分工			
组员 4		任务分工			
组员 5		任务分工			
组员 6		任务分工			

2. 工量具、仪器设备与耗材准备

(1) 使用的工量具有：_____。

(2) 使用的仪器设备有：_____。

(3) 使用的耗材有：_____。

3. 具体方案描述

_____

_____

_____

_____

_____

三、计划实施

(一) 安全注意事项及技能要点

1. 安全注意事项

(1) 拆卸信息电子装置控制单元，注意专用工具的正确使用。

(2) 拆卸显示器，需使对屏幕进行保护，防止划伤。

(3) 拆卸功放时，注意 MOST 光纤折角弯度不能过大。

2. 技能要点

(1) 断开部件电源时，需先关闭点火开关再插头。

(2) 光纤断开插头后还要注意防止灰尘脏污进入。

(3) 对 CAN 网络的检测需要使用示波仪进行检测。

(4) 拆卸电器元件时，需断开蓄电池负极端子。

(5) 重新连接蓄电池负极端子时，需对某些系统初始化，重新调整时钟、收音机等。

(二) 视听系统无声音故障诊断与排除

1. 视听系统基本检查及故障现象确认

视听系统基本检查及故障现象确认操作方法及说明见表3-2。

视听系统基本检查及故障现象确认操作方法及说明　　　　　表3-2

步骤	操作方法及说明	质量标准及记录
1. 车辆安全防护	(1) 安装车内防护三件套。 (2) 安装车外防护三件套。 (3) 安装车轮挡块	□完成　□未完成 □完成　□未完成 □完成　□未完成

续上表

步骤	操作方法及说明	质量标准及记录
2. 维修车辆信息登记	(1) 记录车牌号码。 (2) 记录车辆 VIN 码。 (3) 记录车辆行驶里程。 (4) 记录维修车辆燃油液位	□完成　□未完成 车辆号牌记录： _____ □完成　□未完成 车辆 VIN 码记录： _____ □完成　□未完成 车辆行驶里程记录： _____ □完成　□未完成 车辆燃油液位记录： _____
3. 车辆环车检查	(1) 车辆外观基本检查。 (2) 发动机舱基本检查	□完成　□未完成 外观异常记录： _____ □完成　□未完成 发动机舱异常记录： _____
4. 车辆视听系统功能检查	视听系统功能检查	□完成　□未完成 视听系统功能检查异常情况记录： _____
5. 车辆故障码及数据流读取记录	(1) 记录车辆视听系统相关故障码。 (2) 记录车辆视听系统相关数据流	□完成　□未完成 故障码记录： _____ □完成　□未完成 数据流记录： _____

2. 显示屏及线路故障诊断

显示屏及线路故障诊断操作方法及说明见表 3-3。

显示屏及线路故障诊断操作方法及说明

表 3-3

步骤	操作方法及说明	质量标准及记录
1. 屏幕开机功能检查参数读取与记录	(1)连接诊断仪,打开点火开关。 (2)使用显示屏开关按钮进行屏幕开机,确认屏幕的显示情况,并用诊断仪读取主机该故障信息。 (3)使用显示屏上的按键功能进行音量大小,上下曲切换、FM 播放、USB 播放和 CD 播放的切换,声音方位的调整	□正确使用诊断仪 (1)显示屏开机诊断仪参数记录: _____ (2)显示屏功能操作参数记录: _____
2. 显示屏搭铁线路检测	(1)关闭点火开关。 (2)断开显示屏电源线束插头。 (3)测量显示屏搭铁电路端子 7 和搭铁之间的电阻是否小于 15Ω。 (4)如果大于 15Ω,测量搭铁电路端对端的电阻是否小于 2Ω。 (5)如果为 2Ω 或更大,则修理电路中的开路/电阻过大故障。 (6)如果小于 2Ω,则修理搭铁连接中的开路/电阻过大故障	□正确识读电路图 □正确使用万用表 (1)搭铁电路端子 7 与搭铁电阻记录: _____ (2)搭铁电路端对端的电阻记录: _____ (3)判断故障原因: _____

续上表

步骤	操作方法及说明	质量标准及记录
3. 显示屏供电线路检测	（1）打开点火开关。 （2）测量显示供电电路端子1和搭铁之间的电压是否为蓄电池电压。 （3）如果小于蓄电池电压，则测量 SC10 熔断丝电压是否为蓄电池电压。 （4）如果为蓄电池电压，则测供电线端对端电阻，大于 2Ω 的则修理导线电阻过大故障。 （5）如果低于蓄电池电压，则测量熔断丝两端电阻值。 （6）如果大于 2Ω，则更换熔断丝	□ 正确识读电路图 □ 正确使用万用表 （1）供电电路端子 1 与搭铁电压记录： ———————— （2）SC10 熔断丝供电压记录： ———————— （3）SC10 熔断丝电阻值记录： ————————

续上表

步骤	操作方法及说明	质量标准及记录
4. 显示屏网络通信线路检测	(1)打开点火开关。 (2)用示波器测试 CAN-H 网络线端子 3 和 CAN-L 网络线端子 9 波形是否正常。 (3)如果波形异常,测量 CAN-H 网络线端子 3 和 CAN-L 网络线端子 9 各自端对端电阻是否小于 2Ω。 (4)如果电阻大于 2Ω,则修理电路中的开路/电阻过大故障。 (5)如果小于 2Ω,则测量 CAN-H 网络线端子 3 和 CAN-L 网络线端子 9 与搭铁的电阻值。 (6)如果小于 15Ω 或更小,则修理线束与搭铁之间的短路情况。 (7)如果电阻为无穷大,则故障考虑主机或显示屏自身内部故障	□正确识读电路图 □正确使用万用表 (1)CAN-H 网络线波形记录: _____ (2)CAN-L 网络线波形记录: _____ (3)CAN-H 网络线端对端电阻值记录: _____ (4)CAN-L 网络线端对端电阻值记录: _____ (5)CAN-H 网络线与搭铁电阻值记录: _____ (6)CAN-L 网络线与搭铁电阻值记录: _____ (7)判断故障原因: _____

3. 主机线路故障诊断

主机及线路故障诊断操作方法及说明见表 3-4。

主机及线路故障诊断操作方法及说明　　　　　　表 3-4

步骤	操作方法及说明	质量标准及记录
1. 主机开机参数读取与记录	(1)连接诊断仪,打开点火开关。 (2)用显示屏打开屏幕功能使用诊断仪对主机进行诊断。 (3)使用显示屏上的按键功能进行音量大小,上下曲切换,FM 播放、USB 播放和 CD 播放的切换,声音方位的调整,测试哪些功能无法实现	□正确使用诊断仪 (1)主机开机诊断仪参数记录: _____ (2)主机功能操作参数记录: _____
2. 主机搭铁线路检测	(1)关闭点火开关。 (2)断开显示屏电源线束插头。 (3)测量显示屏搭铁电路端子 17 和搭铁之间的电阻是否小于 15Ω。 (4)如果大于 15Ω,测量搭铁电路端对端的电阻是否小于 2Ω。 (5)如果为 2Ω 或更大,则修理电路中的开路/电阻过大故障。 (6)如果小于 2Ω,则修理搭铁连接中的开路/电阻过大故障	□正确识读电路图 □正确使用万用表 (1)搭铁电路端子 17 与搭铁电阻记录: _____ (2)搭铁电路端对端的电阻记录: _____ (3)判断故障原因: _____

续上表

步骤	操作方法及说明	质量标准及记录
3. 主机供电线路检测	（1）打开点火开关。 （2）测量显示供电电路端子 18 和搭铁之间的电压是否为蓄电池电压。 （3）如果小于蓄电池电压，则测量 SC12 熔断丝电压是否为蓄电池电压。 （4）如果为蓄电池电压，则测供电线端对端电阻，大于 2Ω 的则修理导线电阻过大故障。 （5）如果低于蓄电池电压，则测量熔断丝两端电阻值。 （6）如果大于 2Ω，则更换熔断丝	□正确识读电路图 □正确使用万用表 （1）供电电路端子 18 与搭铁电压记录： _____ （2）SC12 熔断丝供电电压记录： _____ （3）SC12 熔断丝电阻值记录： _____

续上表

步骤	操作方法及说明	质量标准及记录
4.主机网络通信线路检测	(1)打开点火开关。 (2)用示波器测试CAN-H网络线端子3和CAN-L网络线端子9波形是否正常。 (3)如果波形异常,则测量CAN-H网络线端子3和CAN-L网络线端子9各自端对端电阻是否小于2Ω。 (4)如果电阻大于2Ω,则修理电路中的开路/电阻过大故障。 (5)如果小于2Ω,则测量CAN-H网络线端子3和CAN-L网络线端子9与搭铁的电阻值。 (6)如果小于15Ω或更小,则修理线束与搭铁之间的短路情况。 (7)如果电阻为无穷大,则故障考虑主机或显示屏自身内部有故障	□正确识读电路图 □正确使用万用表 (1)CAN-H网络线波形记录: ———— (2)CAN-L网络线波形记录: ———— (3)CAN-H网络线端对端电阻值记录: ———— (4)CAN-L网络线端对端电阻值记录: ———— (5)CAN-H网络线与搭铁电阻值记录: ———— (6)CAN-L网络线与搭铁电阻值记录: ———— (7)判断故障原因: ————

续上表

步骤	操作方法及说明	质量标准及记录
5. MOST 总线检测	(1) 关闭点火开关。 (2) 拔下功放处和主机处的 MOST 总线插头。 (3) 打开点火开关。 (4) 观察 MOST 总线其中一根光纤是否发出红光。 (5) 如果没有红光发出，则需对该光纤用强光 LED 代替光源观察光纤的光导情况。 (6) 如果光纤导光正常，则主机内部有故障	□正确识读电路图 □正确使用万用表 光纤的发光情况记录： _____

4. 功放及扬声器线路故障诊断

功放及扬声器线路故障诊断操作方法及说明见表 3-5。

功放及扬声器线路故障诊断操作方法及说明　　　　表 3-5

步骤	操作方法及说明	质量标准及记录
1. 功放播放声音参数读取与记录	(1) 连接诊断仪，打开点火开关。 (2) 显示屏播放曲目使用诊断仪对主机进行诊断。 (3) 使用显示屏上的按键功能进行音量大小，上下曲切换，FM 播放、USB 播放和 CD 播放的切换，声音方位的调整。测试这些功能切换扬声器的发声情况	□正确使用诊断仪 (1) 功放系统故障内容参数记录： _____ (2) 视听系统的无声音故障现象记录： _____

续上表

步骤	操作方法及说明	质量标准及记录
2.功放搭铁线路检测	(1)关闭点火开关。 (2)断开显示屏电源线束插头。 (3)测量显示屏搭铁电路端子2和搭铁之间的电阻是否小于15Ω。 (4)如果大于15Ω,则测量搭铁电路对端的电阻是否小于2Ω。 (5)如果为2Ω或更大,则修理电路中的开路/电阻过大故障。 (6)如果小于2Ω,则修理搭铁连接中的开路/电阻过大故障	□正确识读电路图 □正确使用万用表 (1)搭铁电路端子2与搭铁电阻记录: _____ (2)搭铁电路端对端的电阻记录: _____ (3)判断故障原因: _____
3.功放供电线路检测	(1)打开点火开关。 (2)测量显示供电电路端子1和搭铁之间的电压是否为蓄电池电压。	□正确识读电路图 □正确使用万用表 (1)供电电路端子1与搭铁电压记录: _____

续上表

步骤	操作方法及说明	质量标准及记录
3.功放供电线路检测	（3）如果小于蓄电池电压，则测量 SC27 熔断丝电压是否为蓄电池电压。 （4）如果为蓄电池电压，则测供电线端对端电阻，大于 2Ω 的则修理导线电阻过大故障。 （5）如果低于蓄电池电压，则测量熔断丝两端电阻值。 （6）如果大于 2Ω，则更换熔断丝	（2）SC27 熔断丝供电电压记录： _____ （3）SC27 熔断丝电阻值记录： _____
4. MOST 总线检测	（1）关闭点火开关； （2）拔下功放处和主机处的 MOST 总线插头； （3）打开点火开关； （4）观察 MOST 总线其中一根光纤是否发出红光； （5）如果没有红光发出，则需对该光纤用强光 LED 代替光源观察光纤的光导情况； （6）如果光纤导光正常，则主机内部有故障	□正确识读电路图 □正确使用万用表 光纤的发光情况记录： _____

续上表

步骤	操作方法及说明	质量标准及记录
5. 功放扬声器线路检测	(1) 关闭点火开关。 (2) 拔下没有声音的 R14 左后高音扬声器插头。 (3) 打开点火开关并操作显示屏调至较大音量播放曲目。 (4) 测量扬声器插头端子 1 和端子 2 的电压为 2~8V 的交流电压。 (5) 如果测量电压值为 2~8V，则测量扬声器电阻值是否为 4Ω。 (6) 如果测量扬声器电阻值小于 2Ω 或大于 6Ω，则更换扬声器。 (7) 如果无电压值，则测量端子 1 和端子 2 导线端对端电阻值是否小于 2Ω。 (8) 如果电阻值大于 2Ω，则修理电路中的开路/电阻过大故障。 (9) 如果电阻小于 2Ω，则为功放内部输出故障	□ 正确识读电路图 □ 正确使用万用表 (1) 扬声器线路电压记录： _____ (2) 端对端线路电阻值记录： _____ (3) 扬声器内部电阻值记录： _____ (4) 判断故障原因： _____

四、评价反馈(表 3-6)

评价表　　　　　　　　　　　　　　　　　　　　　　　　表 3-6

评分项目	评分内容及标准	分值(分)	得分(分)
学习目标	能明确本任务的知识、技能、素养目标,理解任务在工作中的重要程度	5	
工作任务分析	能清晰描述完成本次工作任务内容	2	
	能清晰描述完成本次工作任务需必备的技能与知识点	2	
有效信息获取	能描述汽车视听系统的作用	2	
	能叙述汽车视听系统的组成	2	
	能描述显示器和信息娱乐系统和音响功放系统的工作原理	2	
	能对汽车音响系统无声音原因进行分析	2	
实施方案制订	能清晰地制订并填写汽车音响系统无声音故障诊断与排除的准备作业计划	5	
	能组织或协同工作小组成员,明确本次任务所需仪器设备、工具、材料的准备与清点,并准备记录	5	
	能组织或协同工作小组成员交流,优化检查方案并记录	5	
任务实施	验证汽车音响系统无声音故障现象	5	
	读取故障码和数据流	5	
	显示屏线路故障诊断	10	
	主机线路故障诊断	10	
	功放及扬声器线路故障诊断	10	
	MOST 总线检测	5	
	验证汽车音响系统无声音故障是否排除	5	
任务评价	能通过本次任务实施,结合自己在实训过程中的表现,进行自我评价及自我反思并记录	5	
职业素养	遵守职业道德规范,诚实守信,尊重客户	2	
	具备良好的沟通能力和团队协作能力	2	
	遵守安全操作规程,具备安全意识	2	
	具备一丝不苟、精益求精的工匠精神	2	
思政要求	具备绿色环保、节能降碳的环保意识	1	
	具备严谨理性的工作作风,尊重事实和证据	1	
	有实证意识和严谨的求知态度	1	

续上表

评分项目	评分内容及标准	分值(分)	得分(分)
思政要求	有精益求精的质量管控意识	1	
	具备热爱劳动、敬业奉献的劳动精神	1	
	总计	100	

改进建议：

教师签字：

日期：

学习活动2　汽车导航系统信号弱故障诊断与排除

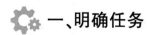

一、明确任务

根据任务描述，车主反映该车在使用中出现汽车导航系统GPS信号弱故障，在车辆行驶过程中导航不能准确定位车辆位置，需要你对故障车辆导航系统主要部件进行检查与更换，使其恢复正常使用性能。

二、工作准备与计划制订

（一）知识准备

1. 高配导航系统的作用

车载导航系统集成在_____内部，导航地图数据通过_____存储插入主机卡槽内供读取数据，导航模块通过_____获取信息实现精准定位，为驾驶人提供实时精确的定位导航。

2. 高配导航系统的组成

汽车视听系统的组成部件主要包括：_____、_____、_____、_____、

_____。其部件位置如图 3-21 所示。

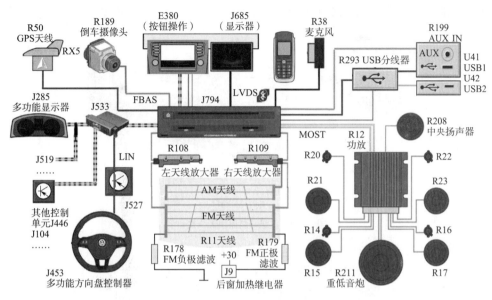

图 3-21 视听系统部件图

1) 显示屏

显示屏具有导航系统的输入与设置功能、显示导航地图功能。导航系统的输入与设置通过 CAN 网络线传输信号至信息娱乐控制单元，导航信息通过 LVDS 低压差分信号传输，与家用电视机的全高清视频线 HDMI 很相似，是目前运用在车辆中传输速率最快的视频传输线，也是唯一能做到全高清的视频传输线，广泛应用于液晶屏接口。它在提供高数据传输率的同时会有很低的功耗。使用 LVDS 技术的产品数据速率可以从几百兆每秒到两千兆每秒。

2) 主机

主机也具有模块化结构，也就是说根据不同的功能范围，将所属的电子模块集成到一个壳体中，导航模块也是集成在内部，如图 3-22 所示，所有版本均安装在手套箱中。

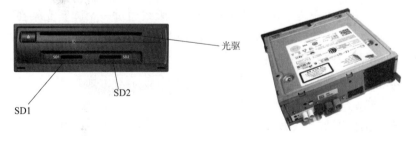

图 3-22 主机部件

导航的语音通过信息电子装置控制单元传输至音响功放，经过放大处理通过_____发声。

导航的 GPS 信号通过_____接收，GPS 天线安装在车顶后部位置，天线置于顶外部，外形为鲨鱼鳍形状。天线经过车内通过一根带有_____功能的导线传输至导航模块，主机导航模块天线接口如图3-23所示。

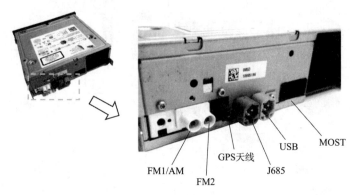

图 3-23　主机导航模块天线接口

天线通过带有屏幕功能的导线连接至主机的_____，定位信号通过 GPS 天线接收_____。有一些外界原因会影响 GPS 信号强度，如车辆行驶于密集的高架桥下、隧道里、地下车库等一些遮挡物较多的环境中时，GPS 信号就会减弱或者接收不到信号。车辆的有些装置改装和加装也会影响到 GPS 信号接收，比如某些行车记录仪、GPS 定位仪，还有一些会产生较大干扰电波的装备都会影响到车上 GPS 信号的接收。一般原装的天线都置于车顶，这是车上最能接收信号的位置，也不容易被其他信号干扰，具有较强的接收能力。

3）天线

FM/AM 以及 DAB 无线电天线（国内未引进）均安装在车辆的_____中。驻车加热装置遥控的天线以及 GPS 定位和导航系统的天线安装在鲨鱼鳍形状的车顶天线中。天线系统的结构也被集成在横置_____中，所以车顶天线是 MQB 的一体部件。_____根据车型进行调整且仅可以在相应的车型上使用。车顶天线不与连接电缆固定相连，而是有一个连接插口，连接插口位于天线脚中，天线实车布置如图 3-24 所示。

GPS 天线于车顶的安装方式如图 3-25 所示。天线通过一个弹簧支架在车顶用螺栓进行固定，天线与固定支架之间属于绝缘无接触，如果与金属有接触，会音响天线的信号接收。如果屏蔽线有破损，也会导致用于_____变弱而引起的_____弱。连接导线外层为金属屏蔽网，可以一定程度上屏蔽外界的信号干扰。

3. 汽车导航系统 GPS 信号弱原因分析

汽车导航系统启动后，导航模块通过_____搜寻卫星信号，对车辆进行当前位置进行_____。当接收卫星信号后开始确定行驶路线开始_____，车辆行驶后会精确计算出到目的地的距离和_____。但是，就算没有接收到卫星信号，导航功能还是能正常开启的，只是对行程路线和距离的计算不会很准确，会按照上一次停留的位置先做计算，有时候也会需要车辆进行行驶才能实现精准定位。造成汽车导航系统

GPS 信号弱灵故障的可能原因有以下几个方面：

(1) 导航模块内部信号接收故障。

(2) GPS 天线故障。

(3) 天线连接线故障。

(4) 信号干扰故障。

(5) 天线遮挡故障等。

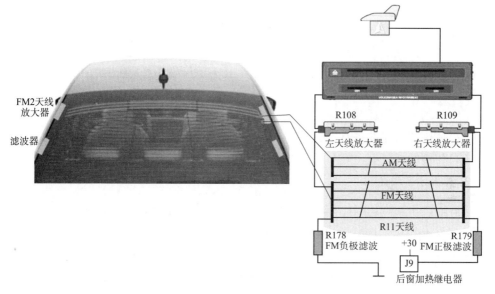

图 3-24　GPS 天线布置

图 3-25　GPS 天线安装

(二) 制订工作方案

根据情境描述的故障现象，查阅维修手册等资料，制订一份尽可能详细的汽车导航系统 GPS 信号弱故障诊断与排除的解决方案。

1. 任务分工(表 3-7)

学生任务分配表 表 3-7

班级		组号		指导老师	
组长		任务分工			
组员 1		任务分工			
组员 2		任务分工			
组员 3		任务分工			
组员 4		任务分工			
组员 5		任务分工			
组员 6		任务分工			

2. 工量具、仪器设备与耗材准备

(1)使用的工量具有:_____。

(2)使用的仪器设备有:_____。

(3)使用的耗材有:_____。

3. 具体方案描述

_____

_____

_____

_____

三、计划实施

(一)安全注意事项及技能要点

1. 安全注意事项

(1)拆卸信息电子装置控制单元,注意专用工具的正确使用。

(2)拆卸显示器,需使对屏幕进行保护,防止划伤。

(3)拆卸功放时,注意 MOST 光纤折角弯度不能过大。

(4)拆卸 GPS 天线需要拆卸车顶棚内饰,顶棚不需从车身取出,只要将顶棚拆卸往下放即可。

2. 技能要点

(1)断开部件电源时,需先关闭点火开关再插头。

(2)光纤断开插头后还要注意防止灰尘脏污进入。

(3)对 CAN 网络的检测需要使用示波仪进行检测。

(4)拆卸电器元件时,需断开蓄电池负极端子。

(5)拆卸顶棚时需要佩戴清洁的手套,清洁的工具,防止顶棚的脏污。对年份较长的车辆来说拆卸顶棚可能会导致顶棚篷布脱落,需要提前告知客户。

(二)汽车导航系统 GPS 信号弱基本检查及故障确认

1. 汽车导航系统 GPS 信号弱基本检查及故障现象确认

汽车导航系统 GPS 信号弱基本检查及故障现象确认操作方法及说明见表3-8。

汽车导航系统 GPS 信号弱基本检查及故障现象确认说明　　　表3-8

步骤	操作方法及说明	质量标准及记录
1.车辆安全防护	(1)安装车内防护。 (2)安装车外防护。 (3)安装车轮挡块	□完成　□未完成 □完成　□未完成 □完成　□未完成
2.维修车辆信息登记	(1)记录车牌号码。 (2)记录车辆 VIN 码。 (3)记录车辆行驶里程。 (4)记录维修车辆燃油液位	□完成　□未完成 车牌号牌记录: _____ □完成　□未完成 车辆 VIN 码记录: _____ □完成　□未完成 车辆行驶里程记录: _____ □完成　□未完成 车辆燃油液位记录: _____
3.车辆基本检查	(1)车辆外观基本检查。 (2)发动机舱基本检查	□完成　□未完成 外观异常记录: _____ □完成　□未完成 发动机舱异常记录: _____
4.汽车导航系统功能检查	汽车导航系统功能检查	□完成　□未完成 汽车导航系统异常情况记录: _____
5.车辆故障码及数据流读取记录	(1)记录汽车导航系统相关故障码。 (2)记录汽车导航系统相关数据流	□完成　□未完成 故障码记录: _____ □完成　□未完成 数据流记录: _____

2. 导航系统 GPS 信号弱故障诊断

导航系统 GPS 信号弱故障诊断操作方法及说明见表 3-9。

导航系统 GPS 信号弱线路故障诊断操作方法及说明　　　　表 3-9

步骤	操作方法及说明	质量标准及记录
1. 打开导航进行功能操作诊断仪读取与记录检查	(1) 连接诊断仪，打开点火开关。 (2) 设置目的地规划路线，开始导航功能。 (3) 观察导航定位是否跟车辆的行驶轨迹一致，定位跟着是否及时。 (4) 查看导航各项设置功能是否正确。 (5) 诊断仪对主机进行故障诊断	□正确使用诊断仪 导航功能诊断仪参数记录： _____ 导航功能操作参数记录： _____
2. 排除外界导致导航系统 GPS 信号弱原因	(1) 检查车辆是否处在空旷路段。 (2) 检查周边是否有特殊信号干扰。 (3) 检查车内是否有自主加装的装置	干扰源检查记录： _____
3. GPS 天线连接线线路检测	(1) 关闭点火开关。 (2) 断开主机处导航 GPS 天线连接线插头。 (3) 测量 GPS 天线连接线中心线电路端子和搭铁之间的电阻是否为无穷大电阻。 (4) 如果电阻较小在 100Ω 内，则判断 GPS 天线连接线存在于搭铁端路故障，更换连接线。 (5) 如果为无穷大电阻，则需要拆卸车辆顶棚对连接线进行端对端的测量。 (6) 如果大于 2Ω，则修理连接线中的开路/电阻过大故障。 (7) 如果小于 2Ω，则拆卸 GPS 天线进行换件测试，对 GPS 天线和信号的检测需要用到特殊的信号检查仪检测。 (8) 如果更换新的天线 GPS 之后，信号正常了，则更换天线就能排除故障。 (9) 如果更换天线故障依旧，则故障存在于主机内部的导航模块中，需更换主机排除故障	□正确识读电路图 □正确使用万用表 (1) 连接线中心端子与搭铁电阻值记录： _____ _____ (2) 连接线中心端子端对端电阻值记录： _____ _____ (3) 更换 GPS 天线后的信号情况记录： _____ _____ (4) 故障情况： _____

四、评价反馈(表3-10)

评价表　　　　　　　　　　　　　　　　　　　　　　　表3-10

评分项目	评分内容及标准	分值(分)	得分(分)
学习目标	能明确本任务的知识、技能、素养目标,理解任务在工作中的重要程度	5	
工作任务分析	能清晰描述完成本次工作任务内容	2	
	能清晰描述完成本次工作任务需必备的技能与知识点	2	
有效信息获取	能描述汽车导航系统的作用	2	
	能叙述汽车导航系统的组成	2	
	能描述导航系统的工作原理	3	
	能对汽车导航系统GPS信号弱原因进行分析	3	
实施方案制订	能清晰地制订并填写汽车导航系统GPS信号弱故障诊断与排除的准备作业计划	5	
	能组织或协同工作小组成员,明确本次任务所需仪器设备、工具、材料的准备与清点,并准备记录	5	
	能组织或协同工作小组成员交流,优化检查方案并记录	5	
任务实施	验证汽车导航系统GPS信号弱故障现象	10	
	读取故障码和数据流	10	
	检查导航系统功能	10	
	检查GPS天线功能	15	
	验证汽车导航系统GPS信号弱故障是否排除	5	
任务评价	能通过本次任务实施,结合自己在实训过程中的表现,进行自我评价及自我反思并记录	3	
职业素养	遵守职业道德规范,诚实守信,尊重客户	2	
	具备良好的沟通能力和团队协作能力	2	
	遵守安全操作规程,具备安全意识	2	
	具备一丝不苟、精益求精的工匠精神	2	
思政要求	具备绿色环保、节能降碳的环保意识	1	
	具备严谨理性的工作作风,尊重事实和证据	1	

续上表

评分项目	评分内容及标准	分值(分)	得分(分)
思政要求	有实证意识和严谨的求知态度	1	
	有精益求精的质量管控意识	1	
	具备热爱劳动、敬业奉献的劳动精神	1	
总计		100	

改进建议:

教师签字:

日期:

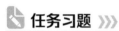 任务习题

一、单选题

1. 汽车视听系统是指在汽车内装有的可以提供多种娱乐功能的设备,包括( )。
   A. 音响系统、视频播放器、导航系统
   B. 汽车发动机、制动系统、空调系统
   C. 车载冰箱、电热水壶、吸尘器
   D. 太阳能充电系统、行车记录仪、气囊系统

2. 汽车视听系统的屏幕尺寸一般有以下几种选择,除了( )。
   A. 6寸　　　　　B. 30寸　　　　　C. 9寸　　　　　D. 10寸

3. 汽车视听系统的蓝牙功能可以实现以下哪种功能?( )
   A. 与手机进行无线连接　　　　B. 与其他汽车视听系统进行无线连接
   C. 与家庭电视机进行无线连接　　D. 与无人机进行无线连接

4. 汽车视听系统的蓝牙功能可以实现以下哪种功能?( )
   A. 音频播放　　　　　　　　　B. 图像传输
   C. 触摸屏控制　　　　　　　　D. 电子邮件发送

5. 汽车视听系统的倒车影像功能一般通过哪种设备实现?( )
   A. 后置摄像头　　　　　　　　B. 车载雷达
   C. 导航系统　　　　　　　　　D. 喇叭

6. 目前汽车视听系统的触摸屏一般是采用以下哪种技术？（　　）
   A. 电阻式触摸屏　　　　　　　　B. 光学触摸屏
   C. 电容式触摸屏　　　　　　　　D. 声纳触摸屏
7. 汽车视听系统的语音控制功能一般是通过以下哪种方式实现的？（　　）
   A. 麦克风　　　　　　　　　　　B. 红外线传感器
   C. 按键控制　　　　　　　　　　D. 脑电波控制
8. 汽车视听系统的视频播放质量与以下哪个因素相关？（　　）
   A. 屏幕分辨率　　　　　　　　　B. 车辆品牌
   C. 油耗　　　　　　　　　　　　D. 车速
9. 汽车视听系统的系统更新以下哪种方式是无法实现的？（　　）
   A. 通过互联网下载更新包　　　　B. 通过连接电脑下载更新包
   C. 通过 GPS 下载更新包　　　　　D. 通过车辆制造商安装更新包
10. 汽车视听系统的导航功能是通过以下哪种方式实现的？（　　）
    A. 全球定位系统（GPS）　　　　 B. 蜂窝移动网络
    C. 声纳导航　　　　　　　　　　D. 雷达导航
11. 汽车视听系统的导航功能以下哪项是不能提供的？（　　）
    A. 当前位置　　　　　　　　　　B. 附近的加油站
    C. 预计剩余里程　　　　　　　　D. 前方车距
12. 导航天线通过连接线连接至以下哪个部件？（　　）
    A. 操作显示屏控制单元　　　　　B. 丹拿音响功放
    C. 信息娱乐系统控制单元　　　　D. USB 连接器
13. 以下哪项不会影响导航的 GPS 信号接收？（　　）
    A. 高架桥下　　B. 下雨天气　　C. 隧道　　　　D. 地下车库
14. MIB 信息娱乐系统导航地图数据从哪里获取？（　　）
    A. 由 SD 卡获取
    B. 通过 4G 网络获取
    C. 通过 WIFI 信号获取
    D. 通过信息娱乐系统导航模块内部获取

二、判断题

1. 操作和显示单元 J685 的功能是只显示主机控制单元提供的信息。（　　）
2. MIB 信息娱乐系统就算没有了功放依然能播放出音乐。（　　）
3. 扬声器的作用主要是由功放提供的声道信号转化成声音发出。（　　）
4. 低配的 MIB 信息娱乐系统内部集成了扬声器功放功能。（　　）
5. 高配的 MIB 信息娱乐系统内部集成了扬声器功放功能。（　　）
6. MIB 信息娱乐系统的导航系统语音发声是有自己单独扬声器的。（　　）
7. 导航系统的数据更新是通过无线网络直接更新。（　　）

8. 导航的 GPS 天线与 FM 天线是共用的。　　　　　　　　(　　)

三、实操题

1. 请写出信息娱乐系统控制单元的拆装流程。

2. 如何对汽车导航系统信号弱进行排查？

学习任务四

汽车空调制冷不良故障诊断与排除

学习目标

1. 知识目标

(1) 能描述出汽车空调系统组成和作用。
(2) 能叙述汽车空调控制原理。
(3) 能识读汽车空调的控制电路。
(4) 能讲述空调系统相关传感器的作用、组成及工作原理。
(5) 能描述汽车空调故障现象及故障原因。
(6) 能说出汽车手动空调制冷不良故障诊断与排除的工作流程。

2. 技能目标

(1) 能按维修接待工作规范和专业问诊法与客户沟通,获取有效故障信息,通过查阅维修资料,查阅分析汽车空调故障可能产生的原因。

(2) 能结合所学知识和经验,采用故障再现方法,确认空调制冷系统工作异常的故障现象。

(3) 能识读任务书明确工作任务和技术要求,按照故障诊断技术规范标准,参照维修手册、维修资料和前期获取的相关信息。

(4) 能通过故障树、鱼骨图等方法,综合分析故障原因,并制订故障诊断方案。

(5) 能根据故障诊断方案,正确使用检测设备仪器,通过数据分析处理、零部件替换等方式方法,在规定的时间内完成汽车空调系统故障维修。

(6) 能根据客户确认的修复方案,正确选择配件和耗材,正确使用工具及设备,实施维修作业。

(7) 能规范的进行汽车空调制冷系统工作异常故障诊断与排除并进行自检。在维修工单上填写自检结果、检修建议等信息并签字确认后,交付班组长检验。

(8) 能展示汽车空调制冷系统故障诊断与排除的技术要点,总结工作经验,分析不足,提出改进措施,优化工作方案。

3. 素养目标

(1) 培养学生严谨的工作态度,规范实训"8S"管理,养成良好的职业行为习惯。

（2）规范操作，主动钻研，养成精益求精的工匠精神。

（3）通过学习使学生具备本专业高素质技术工作者所必需的职业技能，同时培养学生的专业兴趣增强团结协作的能力。

（4）培养自主学习、崇尚劳动，形成有耐心、够细心、爱岗敬业的劳模精神。

（5）能与资料管理员、工具管理员、配件管理员、班组长和车间主管等相关人员进行有效沟通，养成学员之间互帮互助的习惯从而具备团队协作精神。

（6）能保持严谨理性工作作风，尊重事实和证据，有实证意识和严谨的求知态度。

（7）具有精益求精的质量管控意识。

（8）培养正确的劳动精神，弘扬劳动精神、奋斗精神、奉献精神。

参考学时

60学时

任务描述

一辆汽车进厂维修，客户反映车辆空调不够冷，需要对其进行检修。

学习活动1　汽车手动空调制冷不良故障诊断与排除

一、明确任务

根据任务描述，客户反映车辆空调不够冷，需要对其汽车空调系统进行故障诊断并对损坏部件更换及线路修复，使其恢复正常使用性能。

二、工作准备与计划制订

空调系统组成
3D结构展示

（一）知识准备

1. 汽车空调系统认识

汽车空调系统是实现对车厢内空气进行_____、_____、_____和_____的装置。它可以为乘车人员提供舒适的乘车环境，降低驾驶人的疲劳强度，提高行车安全。空调装置已成为衡量汽车功能是否齐全的标志之一。汽车空调结构组成主要包括_____、_____、通风系统、_____和空气净化系统等部分。这些部分协同工作，为乘员提供舒适的乘车环境，降低驾驶人的疲劳强度，提高行车安全。

(1) 制冷系统。制冷系统是汽车空调的核心部分，主要包括_____、_____、_____、_____和_____等主要部件以及空调管路和冷媒。制冷系统通过压缩_____实现车厢内空气的冷却。

(2) 供暖系统。供暖系统主要负责为车厢提供加热功能，一般在冬季使用。它主要包括_____、_____、_____等部件。

(3) 通风系统。通风系统是用来调节车内空气的流动情况，也可以根据车内空气的_____和_____，自动调节风量和风向，使车内空气保持清新。它一般可以分为_____、_____（机械通风）、_____（同时采用自然通风和强制通风）。

(4) 控制系统。控制系统是汽车空调的"大脑"，负责对整个空调系统的运行进行监控和调节。主要包括_____、_____、_____等部件。通过控制系统，可以实现对空调温度、风速、风向等参数的实时调节。

(5) 空气净化系统。空气净化系统主要负责去除车厢内空气的异味、病毒、细菌等有害物质，确保车厢内空气质量。主要包括_____、_____等部件。

2. 汽车空调制冷系统工作原理

汽车空调的工作原理主要基于制冷剂的循环和热交换过程。以下是汽车空调制冷系统的工作原理简述。

(1) 压缩过程。当汽车空调开启时，压缩机将流经蒸发器的低温低压的气态制冷剂压缩为_____的气态制冷剂，输送到冷凝器。压缩过程提高制冷剂的温度和压力。

(2) 散热过程。高温高压的_____气体进入冷凝器，由于压力和温度的降低，制冷剂气体在冷凝器内冷凝成液体。在这个过程中，制冷剂释放大量热量，使得冷凝器周围的空气温度升高。

(3) 节流过程。经过冷凝后的液态制冷剂流经_____，由于阀门的开口面积较小，制冷剂流速加快，压力降低。这一过程称为节流。

(4) 蒸发过程。节流后的低温低压液态制冷剂进入_____，在蒸发器内部，制冷剂吸收车厢内空气的热量，使得空气温度降低。制冷剂在此过程中从_____蒸发为_____。回到压缩机，蒸发后的气态制冷剂被_____吸入，再次进行压缩，形成高温高压的气体，由此完成了一个制冷循环。

汽车空调制冷系统的工作过程不断重复，从而实现对车厢内空气的_____。此外，汽车空调还具备加热功能，通过加热器等部件在冬季为车厢提供暖气。

3. 汽车空调系统故障现象及原因

(1) 制冷剂泄漏。

现象表现为制冷效果下降，空调开启后，室内温度降低不明显，或者制冷效果较以前明显变差。

导致这种现象的原因主要有：

①冷媒使用寿命到期。冷媒长时间使用后会逐渐减少,导致制冷效果下降。

②系统部件老化。空调系统部件经过长时间使用,可能会出现老化、磨损或损坏,从而导致冷媒泄漏。

③外力冲击。空调系统受到外部冲击,如交通事故、摔打等,可能导致冷媒系统部件破损。

④安装不当。空调安装过程中,密封不良、接头松动等可能导致冷媒泄漏。

⑤制冷系统内部故障。如压缩机、膨胀阀、冷凝器等部件故障,会影响冷媒的正常循环。

⑥管道老化。空调系统管道及连接部件老化、破损,可能导致冷媒泄漏。

(2)冷凝器散热能力下降。

现象表现为制冷效果减弱,空调在运行过程中,冷凝器散热能力下降会导致制冷效果变差,室内温度下降缓慢。

导致这种现象的原因主要有:

①散热器表面积尘。长时间使用后,冷凝器表面会积累灰尘、树叶等杂物,影响散热效果。

②散热器内部堵塞。冷凝器内部管道堵塞会导致制冷剂循环不畅,影响散热能力。

③冷凝器翅片变形。冷凝器翅片在长时间使用过程中可能发生变形,导致散热面积减小。

(3)风道堵塞。

现象表现为:

①出风量减小。空调风道堵塞会导致出风量明显减小,影响驾驶舱内的制冷效果。

②风速异常。风道堵塞可能导致风速不稳定,时大时小,且可能出现气流不畅的现象。

③空调系统异响。风道堵塞时,空调系统可能在运行过程中产生异响,如风叶旋转不畅、敲击声等。

④出风口温度异常。风道堵塞会影响空调的制冷效果,出风口温度可能较正常情况下高。

导致这些现象的原因主要有:

①风道内部积尘。长时间使用后,风道内部会积累灰尘、污垢等,导致气流受阻。

②风道外部损坏。风道外部破损、脱落或变形,可能导致气流不畅。

③风叶损坏或卡住。风叶在长时间使用过程中可能发生损坏、不平衡或卡住的现象,影响风道通畅。

④风道接口松动。风道与空调系统各部件之间的接口松动,可能导致气流受阻。

⑤风道设计缺陷。部分汽车空调系统风道设计不合理,可能导致气流不畅。

(4)压缩机故障。

现象表现为:

①压缩机无法启动或工作不稳定。
②压缩机运行时噪声过大。
③空调制冷效果差或无制冷效果。
④压缩机频繁启动和停止。
⑤压缩机漏油。
⑥加氟利昂后空调故障。
⑦系统压力过高。

导致这些现象的原因主要有：
①电源问题。电压不稳定或电源线损坏，可能导致压缩机无法正常工作。
②压缩机本身问题。压缩机使用时间较长，内部磨损严重，或者制造质量问题，可能导致故障。
③制冷系统问题。制冷系统管道泄漏、制冷剂不足、干燥器堵塞等，会影响压缩机的工作。
④控制模块问题。压缩机控制模块故障，无法正常控制压缩机的启停和运行。
⑤外部环境问题。例如电压不稳定、高温、高原等特殊环境，可能导致压缩机工作异常。
⑥安装和维修问题。安装不当、维修质量差，可能导致压缩机故障。

4. 汽车空调控制电路介绍

汽车空调控制电路是汽车电子控制系统的重要组成部分，它负责控制空调系统的正常运行，提供舒适的车内环境。下面分别介绍汽车空调控制电路中的各个部分。

(1) 电源控制电路。

电源控制电路是汽车空调控制电路的电源部分，它负责为整个空调系统提供稳定的电源。当点火开关接通时，电源控制电路开始工作，为压缩机、鼓风机、冷凝器风扇等部件提供电源。

(2) 压缩机控制电路。

压缩机是汽车空调系统中的核心部件，它负责制冷剂的_____和循环。压缩机控制电路负责控制压缩机的_____和停止，根据_____反馈的温度信号调节压缩机的运行状态，以达到设定的温度。

(3) 鼓风机控制电路。

鼓风机是汽车空调系统中的送风设备，它负责将空气吸入车内并送出冷风或热风。鼓风机控制电路负责控制鼓风机的启动和停止，根据_____和_____调节鼓风机的运行速度，以达到设定的风量和温度。

(4) 冷凝器风扇控制电路。

冷凝器是汽车空调系统中的散热设备，它负责将制冷剂的热量散发到车外。冷凝器风扇控制电路负责控制冷凝器风扇的启动和停止，根据制冷剂的_____和_____调节风扇的运行状态，以确保冷凝器正常运行。

(5)空调开关控制电路。

空调开关是汽车空调系统中的开关设备,它负责控制空调系统的开启和关闭。空调开关控制电路负责接收驾驶人的操作信号,根据操作信号控制空调系统的启动和停止。

(6)车内温度传感器控制电路。

车内温度传感器是汽车空调系统中的温度检测设备,它负责检测车内的_____。温度传感器控制电路负责接收温度传感器的_____,根据温度信号调节压缩机的运行状态和鼓风机的运行速度,以达到设定的温度。

(7)风量调节控制电路。

风量调节是汽车空调系统中的_____调节设备,它负责调节送风的风量。风量调节控制电路负责接收驾驶人的操作信号,根据操作信号调节鼓风机的运行速度和空气内外循环的状态,以达到设定的风量。

(8)空气内外循环控制电路。

空气内外循环是汽车空调系统中的空气循环方式,它负责将车内的空气吸入车内或从车内排出。空气内外循环控制电路负责接收驾驶人的操作信号,根据操作信号调节空气内外循环的状态,以达到设定的循环方式。

(9)制冷剂压力保护电路。

制冷剂压力是汽车空调系统中的重要参数,它关系到系统的正常运行和安全性。制冷剂压力保护电路负责监测制冷剂的压力,当压力过高或过低时,会自动切断压缩机的电源,以保护系统不受损坏。

(10)除霜控制电路。

在寒冷季节使用汽车空调时,容易出现车窗结霜的现象。除霜控制电路负责接收驾驶人的_____,当检测到车窗结霜时,会自动启动_____功能,通过加热丝或电热元件将车窗加热,以达到除霜的目的。

以下是某品牌汽车空调控制电路如图 4-1、图 4-2、图 4-3 所示。

5.汽车手动空调控制电路常见故障

汽车手动空调控制电路常见故障现象有:空调风速比较低或无风、车内空气流通不畅及温度不均衡、车内温度与设置温度不一致、车内制冷效果较差等。表格 4-1 中列出了手动式汽车空调控制电路常见故障及可能的故障原因。

6.汽车手动空调控制电路诊断方法

手动汽车车空调控制电路采用_____、_____或模块直接控制等,如果采用继电器及传感器控制则使用常规的线路和零件测量,判断故障原因;如果采用模块直接控制,应先使用诊断仪对控制模块进行故障诊断,读取空调系统控制模块相关的故障码、数据流及零件动作测试,根据诊断仪提示相关信息缩小故障范围后再采用常规方法对空调系统控制线路或零件进行测量,以判断故障原因。常规的诊断方法如下。

汽车空调制冷不良故障诊断与排除 | 学习任务四

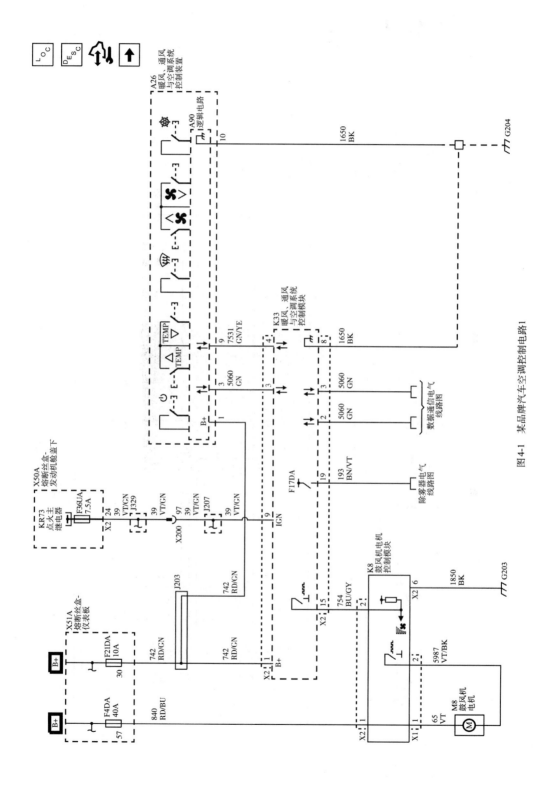

图 4-1 某品牌汽车空调控制电路 1

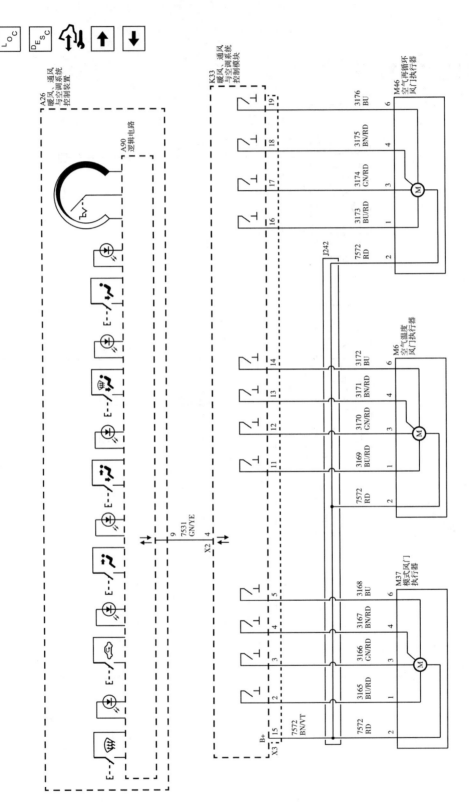

图4-2 某品牌汽车空调控制电路2

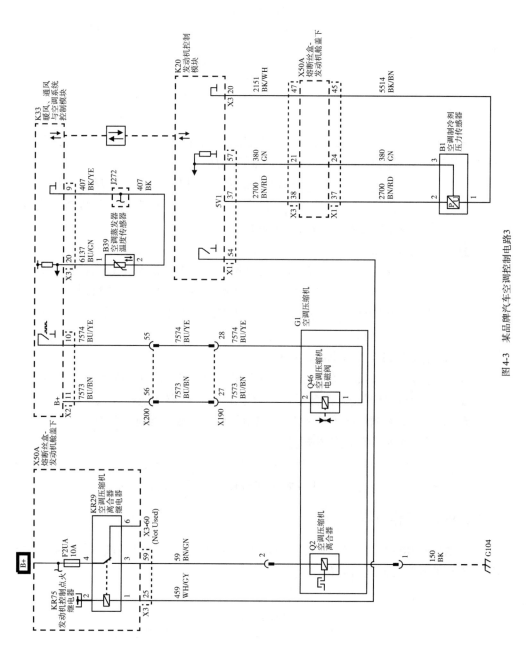

图 4-3 某品牌汽车空调控制电路 3

汽车手动空调控制电路常见故障　　　　表4-1

故障现象		列举可能的故障原因
手动汽车空调控制电路常见故障	空调风速比较低或无风、车内空气流通不畅及温度不均衡、车内温度与设置温度不一致、车内制冷效果较差	前鼓风机电机转速电路对蓄电池短路；前鼓风机电机转速电路电压过低/开路；送风和温度控制电路（空气流量控制电路；主温度控制电路）可能出现故障；温度传感器电路、空调蒸发器温度传感器电路故障；空调压缩机阀控制电路开路；空调压缩机阀控制电路电流过大；空调（A/C）制冷剂压力传感器电路电压过低或电压过高；压缩机离合器继电器控制电路电压过低或过高等

（1）电气线路故障检查。

空调系统电气线路中出现线路阻值过大、接触不良或者断路，线路对搭铁短路，线路对电源短路或者线路与其他线路短路故障的，均称为_____。线路故障中，基本上有_____、_____和_____三种情况。线路故障一般需用测试法查出，测试的方法有_____、_____、_____和_____，适用于检查断路和接触不良；逐段拆检法，适合对线路的搭铁短路故障的检查。

（2）电气线路开关的检查。

电气线路中开关种类繁多，但大部分机械开关的检查方法都是相同的，即都是将开关与线路的连接器断开，用万用表的欧姆挡来检查各接头间的导通情况，根据每一开关位置各针脚间的电阻值是否符合标准值，来判断开关的好坏，但需注意不同车型的开关接线形式有所不同。

（3）空调系统线路控制继电器的检查。

在检查继电器好坏时，可使用与开关检查相同的方法，即用欧姆表来检查继电器各接线端子间的通断情况是否符合要求，所不同的是继电器还应检查其工作状态下的导通情况，即给继电器相应端子接入工作电压后，测量其触点导通的变化情况。

（4）空调系统线路中温度传感器的检查。

在检查传感器好坏时，首先应对传感器外观进行检查，判断是否有脏污、脱开、水泡、腐蚀、氧化、变形等情况；之后用欧姆表来检查传感器的电阻。

（二）制订工作方案

根据情景描述的故障现象，查阅维修手册等资料，制订一份尽可能详细的汽车空调制冷不良的故障诊断与排除的解决方案。

1. 任务分工（表4-2）

学生任务分配表　　　　表4-2

班级		组号		指导老师	
组长		任务分工			
组员1		任务分工			

续上表

组员2		任务分工	
组员3		任务分工	
组员4		任务分工	
组员5		任务分工	
组员6		任务分工	

2. 工量具、仪器设备与耗材准备

(1)使用的工量具有：_____。

(2)使用的仪器设备有：_____。

(3)使用的耗材有：_____。

3. 具体方案描述

_____

_____

_____

_____

三、计划实施

(一)安全注意事项及技能要点

1. 安全注意事项

(1)作业之前戴好工作手套和安全帽。

(2)安装汽车故障诊断仪之前，需将点火开关处于关闭状态。

(3)涉及插拔控制模块插头操作时应先断开蓄电池负极电缆。

(4)断开蓄电池时先断开负极，再断开正极，安装时顺序相反。

(5)万用表使用前先用欧姆挡进行校准。

(6)测量搭铁线及导线端对端电阻时,应注意需要断开蓄电池负极后操作。

(7)断开模块插接器时应注意操作规范。

(8)如需检查空调系统压力,应佩戴护目镜。

2. 技能要点

(1)操作前做好个人防护,注意操作中的安全防护。

(2)操作前做好车辆防护。

(3)正确校准万用表,正确选用万用挡位及表笔连接。

(4)规范使用诊断仪读取故障码、数据流,正确使用诊断仪进行执行器动作测试。

(5)规范使用试灯,跨接检测线路中的电源与搭铁情况。

(6)规范测量导线电阻。

(7)正确识读电路图,识别电路符号。

(8)会分析使用维修手册。

(9)能根据故障码,查阅维修手册相关诊断流程。

(10)会正确检测继电器,判断继电器可用性。

(11)能正确使用数字万用表、试灯笔、汽车故障诊断仪、风速计、温度计、密度计、压力表、空调检漏仪、空调制冷剂回收加注机等。

(12)依据汽车维修操作要求,熟练规范地完成手动空调故障诊断与排除。

(二)汽车手动空调制冷不良故障诊断与排除

查阅维修手册,以当前主流车型汽车手动空调系统为例,完成汽车手动空调制冷不良故障诊断与排除过程记录。

1. 汽车手动空调制冷不良故障现象确认

汽车手动空调制冷不良故障现象确认操作方法及说明见表4-3。

汽车手动空调制冷不良故障现象确认操作方法及说明　　　表4-3

步骤	操作方法及说明	质量标准及记录
1. 车辆安全防护	(1)安装车内防护三件套。 (2)安装车外防护三件套。 (3)安装车轮挡块。 (4)插入尾气排放管。 (5)准备车辆维修所需工具、设备 	□完成　□未完成 □完成　□未完成 □完成　□未完成 □完成　□未完成 □完成　□未完成 准备车辆维修所需工具、设备,具体有: _____ _____
2. 维修车辆信息登记	(1)记录车辆车牌号码。 (2)记录车辆VIN码。	□完成　□未完成 车辆号牌记录: _____ □完成　□未完成 车辆VIN码记录: _____

续上表

步骤	操作方法及说明	质量标准及记录
2.维修车辆信息登记	（3）记录车辆行驶里程。 （4）记录维修车辆燃油液位。 （5）记录检查驻车制动器和挡位	□完成　□未完成 车辆行驶里程记录： _____ □完成　□未完成 车辆燃油液位记录： _____ □完成　□未完成 车辆挡位记录： _____
3.环车基本检查	（1）车辆外观基本检查。 （2）发动机舱基本检查	□完成　□未完成 外观异常记录： _____ □完成　□未完成 发动机舱异常记录： _____
4.空调制冷系统功能检查	（1）开启A/C开关。 （2）温度调至最冷状态。 （3）风速调至最高挡。 （4）测量空调出风口风速： ①正确选取风速计； ②正确测量； ③记录出风口风速；	完成□　未完成□ 完成□　未完成□ 完成□　未完成□ 完成□　未完成□ 完成□　未完成□ 完成□　未完成□ 出风口风速记录： _____

续上表

步骤	操作方法及说明	质量标准及记录
4.空调制冷系统功能检查	④判断风速是否正常。 （标准：7~10.5m/s）	完成□　未完成□ 异常情况记录： _____ _____ _____
	（5）测量空调出风口温度： ①正确选取温度计； ②正确测量； ③记录出风口温度；	完成□　未完成□ 完成□　未完成□ 完成□　未完成□ 出风口温度记录： _____
	④判断出风口温度是否正常。 （标准：室外温度为20℃时，空调的出风口温度通常在5℃左右）	完成□　未完成□ 异常情况记录： _____ _____
	（6）制冷管路压力检查： ①正确取下高、低压维修阀接口盖连接制冷剂加注回收机高、低压管； ②起动车辆；	完成□　未完成□ 完成□　未完成□

续上表

步骤	操作方法及说明	质量标准及记录
4.空调制冷系统功能检查	③记录管路高压侧压力； (标准：高压侧压力在1.5~2.5MPa之间) ④记录管路低压侧压力。 (标准：低压侧压力在0.5~1.0MPa之间) (7)制冷剂密度检查： ①正确连接制冷剂密度计； ②记录密度值。 (标准：制冷剂的密度在标准大气压下(101.325kPa)约为1g/mL，在常温(25℃)下，制冷剂的压力约为1.5~2.5kPa) (8)用空调检漏仪对制冷系统管路接头检查： ①检查高压维修阀；	完成□ 未完成□ 高压侧压力记录： _____ 异常情况记录： _____ _____ 完成□ 未完成□ 低压侧压力记录： _____ 异常情况记录： _____ _____ 完成□ 未完成□ 完成□ 未完成□ 密度值记录： _____ 异常情况记录： _____ _____ 完成□ 未完成□ 异常情况记录： _____ _____

续上表

步骤	操作方法及说明	质量标准及记录
4. 空调制冷系统功能检查	②检查高压管路接头；	完成□　未完成□ 异常情况记录： _____ _____ _____
	③检查低压维修阀；	完成□　未完成□ 异常情况记录： _____ _____ _____
	④检查低压管路接头；	完成□　未完成□ 异常情况记录： _____ _____ _____
	⑤检查冷凝器管路接头；	完成□　未完成□ 异常情况记录： _____ _____ _____
	⑥检查压缩机管路接头；	完成□　未完成□ 异常情况记录： _____ _____ _____

续上表

步骤	操作方法及说明	质量标准及记录
4.空调制冷系统功能检查	⑦检查低压维修阀。	完成□ 未完成□ 异常情况记录： _____ _____
	(9)冷凝器检查。	完成□ 未完成□ 异常情况记录： _____ _____
	(10)检查风扇。	完成□ 未完成□ 异常情况记录： _____ _____
	(11)检查压缩机检查。	完成□ 未完成□ 异常情况记录： _____ _____
	(12)检查空调系统管道。	完成□ 未完成□ 异常情况记录： _____ _____

续上表

步骤	操作方法及说明	质量标准及记录
4.空调制冷系统功能检查	(13)检查空调压力开关： ①检查压力开关的通断性能；	完成□ 未完成□ 异常情况记录： _____ _____
	②检查压力开关与其他部件的连接是否牢固。	完成□ 未完成□ 异常情况记录： _____ _____
	(14)检查蒸发器	完成□ 未完成□ 异常情况记录： _____ _____
5.车辆故障码及数据流读取记录	(1)记录空调相关故障码。 (2)记录空调相关数据流	□完成 □未完成 故障码记录： _____ _____ _____ □完成 □未完成 数据流记录： _____ _____ _____

2.汽车手动空调制冷不良故障诊断

汽车手动空调制冷不良故障诊断操作方法及说明见表4-4。

汽车空调制冷不良故障诊断与排除 | 学习任务四

汽车手动空调制冷不良故障诊断操作方法及说明　　　　　　　　　　　　表 4-4

步骤	操作方法及说明	质量标准及记录
1. 诊断仪检测	（1）连接诊断仪，打开点火开关。 （2）打开空调开关，调高风速。 （3）使用故障诊断仪指令所有指示测试空调打开和关闭时的状态，确认空调出风口风速，并记录。 （4）读取车辆故障码及数据流读取	□正确使用诊断仪 □完成　□未完成 测试结果判定： □正常　□异常 空调出风口风速测试记录： —————— —————— 测试结果判定： □正常　□异常 故障码记录： —————— ——————
2. 前鼓风机电机转速电路线路检测	（1）关闭点火开关，断开 K8 鼓风机电机控制模块的 X1 线束连接器，参考电路图 4-1。 （2）测试搭铁电路端子 5 和搭铁之间的电阻应小于 10Ω。 （3）测试搭铁电路端对端的电阻应小于 2Ω。 （4）打开点火开关，确认 B + 电路端子 6 和搭铁之间的测试灯应点亮；(B + 电路端子 6 和搭铁之间的测试灯点亮且电阻应小于 2Ω，说明电路熔断丝未熔断且熔断丝有电压)。 （5）关闭点火开关，拆下测试灯，断开 K33 HVAC 控制模块的 X2 线束连接器，再开点火开关。	□正确识读电路图 □正确使用万用表 （1）搭铁电路端子 5 与搭铁电阻记录及结果判定： —————— （2）搭铁电路端对端的电阻记录及结果判定： —————— □正确使用试灯 测试结果判定： □正常　□异常 B + 电路端子 6 和搭铁之间的测试灯是否点亮记录及结果判定： —————— —————— —————— —————— □完成　□未完成 □正确使用试灯 □正确使用万用表

205

续上表

步骤	操作方法及说明	质量标准及记录
2. 前鼓风机电机转速电路线路检测	(6)测试K8鼓风机电机控制模块控制电路端子3和搭铁之间的电压应低于1V(如果大于等于1V,修理电路上对电压短路故障)。	测试结果判定： □正常 □异常 鼓风机电机控制模块控制电路端子3和搭铁之间的电压记录及结果判定： _____
	(7)如果小于1V,关闭点火开关,测试控制电路和搭铁之间的电阻应为无穷大(如果电阻不为无穷大,修理电路上对搭铁短路故障)。	测试结果判定： □正常 □异常 控制电路和搭铁之间的电阻记录及结果判定： _____
	(8)关闭点火开关,测试控制电路端对端电阻应小于2Ω。	测试结果判定： □正常 □异常 测试控制电路端对端电阻记录及结果判定： _____
	(9)连接K8鼓风机电机控制模块和K33 HVAC控制模块处的线束连接器,断开M8鼓风机电机处的线束连接器,打开点火开关并打开鼓风机,确认B+电路端子2和搭铁之间的测试灯点亮	测试结果判定： □正常 □异常 B+电路端子2和搭铁之间的测试灯点亮情况记录及结果判定： _____ 判断故障原因： _____

续上表

步骤	操作方法及说明	质量标准及记录
3. 送风和温度控制电路检测	（1）关闭点火开关，断开 K33 暖风、通风与空调系统（HVAC）控制模块处的线束连接器，参考电路图 4-2。 （2）测试 K33 暖风、通风与空调系统（HVAC）控制模块端子搭铁电阻应为无穷大（如果电阻不为无穷大，修理电路上对搭铁短路故障）。 （3）打开点火开关，测试 K33 暖风、通风与空调系统（HVAC）控制模块参考电压电路端子 15 和搭铁之间的电压是否小于 1V。 （4）关闭点火开关，连接 K33 暖风、通风与空调系统（HVAC）控制模块处的线束连接器，打开点火开关，清除故障	□正确识读电路图 □正确使用万用表 K33 暖风、通风与空调系统（HVAC）控制模块端子搭铁电阻记录及结果判定： _____ □完成　□未完成 测试结果判定： □正常　□异常 电压电路端子 15 和搭铁之间的电压测试记录： _____ □完成　□未完成 测试结果判定： □正常　□异常 异常情况记录： _____ 判断故障原因： _____
4. 空调蒸发器温度传感器电路检测	（1）关闭点火开关，断开 B39 空调蒸发器温度传感器。 （2）测试低电平参考电压电路端子 B 和搭铁之间的电阻应小于 10Ω，参考电路图 4-3。	□完成　□未完成 □正确识读电路图 □正确使用万用表 测试结果判定： □正常　□异常 低电平参考电压电路端子 B 和搭铁之间的电阻记录及结果判定： _____

续上表

步骤	操作方法及说明	质量标准及记录
4. 空调蒸发器温度传感器电路检测	(3)打开点火开关,测试信号电路端子 A 和搭铁之间的电压应为 4.8~5.2V	测试结果判定: □正常　□异常 信号电路端子 A 和搭铁之间的电压记录及结果判定: _____ _____ 判断故障原因: _____
5. 空调压缩机电磁阀控制电路检测	(1)关闭点火开关,断开 Q46"空调压缩机电磁阀"的线束连接器。 (2)打开点火开关,确认 B+电路端子 2 和搭铁之间的测试灯应点亮。 (3)关闭点火开关,拆下测试灯,断开 K33 HVAC 控制模块的线束连接器。 (4)测试 B+电路和搭铁之间的电阻应为无穷大。 (5)测试 B+电路端对端的电阻应小于 2Ω。	□完成　□未完成 测试结果判定: □正常　□异常 异常情况记录: _____ □完成　□未完成 测试结果判定: □正常　□异常 异常情况记录: _____ 测试结果判定: □正常　□异常 异常情况记录: _____

续上表

步骤	操作方法及说明	质量标准及记录
5. 空调压缩机电磁阀控制电路检测	(6)打开点火开关,在控制电路端子 1 和 B + 电路端子 2 之间连接一个测试灯,用故障诊断仪指令空调压缩机制冷剂电磁阀接通和断开时,确认测试灯点亮和熄灭	测试结果判定: □正常 □异常 异常情况记录: _____ _____ _____ 判断故障原因: _____ _____
6. 空调压缩机离合器继电器控制电路检测	(1)关闭点火开关,断开 KR29 空调压缩机离合器继电器,打开点火开关。 (2)测试 B + 电路端对端电阻应小于 2Ω。	□完成 □未完成 测试结果判定: □正常 □异常 异常情况记录: _____ _____
	(3)测试搭铁电路端子 A 和搭铁之间的电阻应小于 10Ω。	测试结果判定: □正常 □异常 异常情况记录: _____ _____
	(4)测试控制电路端对端的电阻是否小于 2Ω	测试结果判定: □正常 □异常 异常情况记录: _____ _____ 判断故障原因: _____ _____

四、评价反馈(表4-5)

评价表　　　　　　　　　　　　　　　　表4-5

评分项目	评分标准	分值(分)	得分(分)
学习目标	能明确本任务的知识、技能、素养目标,理解任务在工作中的重要程度	5	
工作任务分析	能清晰描述完成本次工作任务内容	2	
	能清晰描述完成本次工作任务需必备的技能与知识点	2	
有效信息获取	能描述手动汽车空调控制电路常见故障	4	
	能描述手动空调不制冷常见的故障现象及原因	5	
	能查阅维修手册,并根据手册清楚获取如何排除故障	4	
	能根据故障现象及原因进行相应零部件的检修	5	
实施方案制订	能清晰地制订并填写本次手动空调不制冷故障诊断与排除的准备作业计划	5	
	能组织或协同工作小组成员,明确本次任务所需仪器设备、工具、材料的准备与清点,并准备记录	5	
	能组织或协同工作小组成员交流,优化检查方案并记录	5	
任务实施	能根据车辆描述故障现象	5	
	能使用诊断仪查阅故障码及相关数据	5	
	通过查阅维修手册,结合分析结果,制订完善的检修方案	5	
	能完成前鼓风机电机转速电路线路检测	5	
	能完成送风和温度控制电路检测	5	
	能完成空调蒸发器温度传感器电路检测	5	
	能完成空调压缩机电磁阀控制电路检测	5	
	能完成空调压缩机离合器继电器控制电路检测	5	
任务评价	能通过本次任务实施,结合自己在实训过程中的表现,进行自我评价及自我反思并记录	5	
职业素养	遵守职业道德规范,诚实守信,尊重客户	2	
	具备良好的沟通能力和团队协作能力	2	
	遵守安全操作规程,具备安全意识	2	
	具备一丝不苟、精益求精的工匠精神	2	
思政要求	具备绿色环保、节能降碳的环保意识	1	
	具备严谨理性的工作作风,尊重事实和证据	1	

续上表

评分项目	评分标准	分值(分)	得分(分)
思政要求	有实证意识和严谨的求知态度	1	
	有精益求精的质量管控意识	1	
	具备热爱劳动、敬业奉献的劳动精神	1	
总计		100	

改进建议：

教师签字：
日期：

学习活动 2　汽车自动空调制冷不良故障诊断与排除

一、明确任务

根据任务描述，客户反映车辆空调不够冷，需要对其空调系统进行故障诊断并对损坏部件进行更换及线路修复，使其恢复正常使用性能。

二、工作准备与计划制订

(一)知识准备

1. 汽车自动空调的功用

汽车自动空调是一种先进的空调系统，能够根据车内_____和_____自动调节，提供舒适的驾驶和乘坐环境。具体功用如下。

(1)车内温度和湿度自动调节。根据传感器输入的信号，自动调节车内_____和_____，使车内空气环境保持最佳状态。

(2)回风和送风模式自动控制。电控单元根据设定，使空调系统自动运行，并根据各种传感器输入的信号，对_____和_____及时地进行调整。

（3）运转方式和换气量控制。自动空调能根据已设定的温度，通过传感器感应车内各点的温度，自动调节从而保持车内温度的恒定。

（4）节能。当车外温度与设定的车内温度较为接近时，电控单元可以缩短制冷压缩机的工作时间，甚至在不启动压缩机的情况下，就能使车内温度保持设定状态，达到节能目的。总的来说，汽车自动空调的功用主要是自动调节车内_____和_____，保持空气清新，提高车内舒适度。

2. 汽车自动空调的基本组成

自动空调系统由_____、_____、_____、_____等分系统组成。它由以下几个主要部分组成。

图4-4 车室外温度传感器组成

（1）室外温度传感器。

检测车外环境温度，控制系统会根据_____和_____的差值来确定控制模式。汽车室外温度传感器一般安装在前保险杠安装支架上，也是一个_____电阻，它可以检测车外环境温度的高低，控制系统将根据车外温度与车内温度的差值来决定控制方式。同时，给ECU提供车室之外的温度信号，ECU根据此信号与_____对比，确定车室内的温度，以满足车室内人员的需要，室外温度传感器如图4-4所示。

（2）车内温度传感器。

车内温度传感器也称室内温度传感器，是一种用于测量车内温度的电子设备，它通常被安装在汽车内部的不同位置，通过将温度数据传输给汽车的_____，以实时监测车内的温度变化。温度传感器为驾驶人和乘客提供舒适的驾驶环境，同时也有助于提高汽车的能源利用效率。车内温度传感器的类型有_____、_____、_____等，车内温度传感器如图4-5所示。

车内温度传感器的作用有：

①提高驾驶舒适性。车内温度传感器能够实时监测车内的温度变化，为驾驶人和乘客提供舒适的驾驶环境。在夏季，当车内温度过高时，传感器会向空调系统发送信号，降低车内温度；在冬季，当车内温度过低时，传感器会向空调系统发送信号，提高车内温度。

图4-5 车内温度传感器

②提高能源利用效率。通过监测车内的温度变化，温度传感器可以帮助汽车控制单元更精准地调节空调系统的运行状态，有助于减少不必要的能源消耗，提高汽车的能源利用效率。

③故障诊断与预警。当车内温度传感器出现故障时，汽车的控制单元会接收到异常信号，此时，仪表盘上的故障指示灯会亮起，提醒驾驶人及时进行维修，有助于保障

行车安全。

(3) 日照传感器。

日照传感器是一个_____，利用光电效应，把日光照射量转换为_____信号并输送给空调电控单元，用来调整空调吹出的风量与温度，它一般安装在仪表台的上面，靠近前风窗玻璃的底部。

(4) 乘客厢温度传感器。

乘客厢温度传感器为_____热敏电阻，传感器依靠信号和低电平参考电压电路进行工作，当空气温度增加时，传感器电阻减小，传感器信号电压在 0~5V 之间变化。

(5) 出风口温度传感器。

出风口温度传感器是汽车自动空调的重要部件之一，它能够检测车内每个出风口的温度，并将检测到的_____信息反馈给控制面板，控制面板根据反馈信息调整制冷或制热系统的运行状态，以达到调节车内温度的目的，出风口温度传感器如图4-6所示。

(6) 汽车空调蒸发箱温度传感器。

汽车空调蒸发箱温度传感器是检测通过蒸发器的空气温度或者蒸发器表面的温度变化，控制压缩机_____的结合或断开，蒸发箱温度传感器如图4-7所示。

图 4-6　出风口温度传感器　　　　图 4-7　蒸发箱温度传感器

汽车空调蒸发箱温度传感器的作用有：

①监测蒸发器温度。蒸发箱温度传感器用于实时监测汽车空调蒸发箱内的温度，通过感知温度变化，蒸发箱温度传感器可以向空调控制系统提供实时的温度数据。

②防止结冰作用。在冬季制热或夏季制冷过程中，蒸发箱温度传感器可以确保蒸发箱内温度不会过低，避免蒸发箱结冰。

③控制空调工作状态。蒸发箱温度传感器可以根据设定的温度阈值，调节空调的开启和关闭。例如，当蒸发箱内温度达到设定值时，传感器会向空调控制系统发送信号，使压缩机停止工作，以节省能源和避免过度制冷。

④保护空调系统。蒸发箱温度传感器可以实时监测空调系统的工作状态，并在发现异常时发出_____，提醒车主及时处理问题，避免造成更大的损失。

(7) 汽车空调内外循环执行器。

内循环作用：内循环是指车内的空气在车内经过加热或冷却后再送回车内，内循环的优点是空调系统的制冷和制热效果快,缺点是长时间使用会导致车厢内部的空气质量不良。

外循环作用:外循环是指将车外的空气加热或冷却后送入车内,即车内和车外进行气体交换,外循环的优点是可以保持车厢内部的空气清洁,缺点是空调的制冷和制热效果差,空调内外循环执行器如图4-8所示。

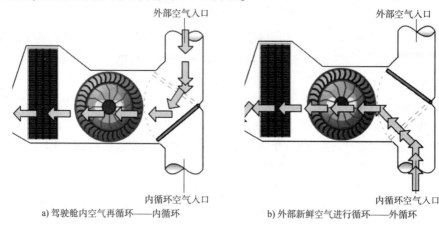

a) 驾驶舱内空气再循环——内循环　　b) 外部新鲜空气进行循环——外循环

图4-8　内外循环执行器

(8)空气混合伺服电机。

空气混合伺服电机由空调电控单元控制,改变空气混合风挡的_____,从而改变冷、暖空气的_____,闭环步进伺服电机如图4-9所示。

(9)出风模式控制伺服电机。

出风模式控制伺服电机也叫气流方式控制伺服电机,由空调电控单元控制,将送风控制风挡转到相应位置,打开某个送风通道,当按下"自动控制"键时,空调电控单元根据计算结果(送风温度),在_____、_____和_____三者之间自动改变送风方式。

图4-9　闭环步进伺服电机

(10)最冷控制伺服电机。

最冷控制伺服电机的风挡有_____、_____和_____三个位置,空调电控单元控制最冷控制风挡位于相应的位置上。

3.汽车自动空调的工作原理

自动空调利用传感器随时检测车内温度及车外环境温度的变化,并把检测到的信号输送给空调的_____,ECU则按预先编制的程序对信号进行处理,并通过_____等执行元件,不断地对_____、_____、_____及_____工作情况等进行调节,从而使车内空气温度及流动状况,始终保持在驾驶人设定的水平上。电控自动空调系统还具备自诊断功能,以利于对电控元件及线路故障的检测。以下是某品牌汽车空调控制电路,如图4-10~图4-14所示。

汽车空调制冷不良故障诊断与排除 | **学习任务四**

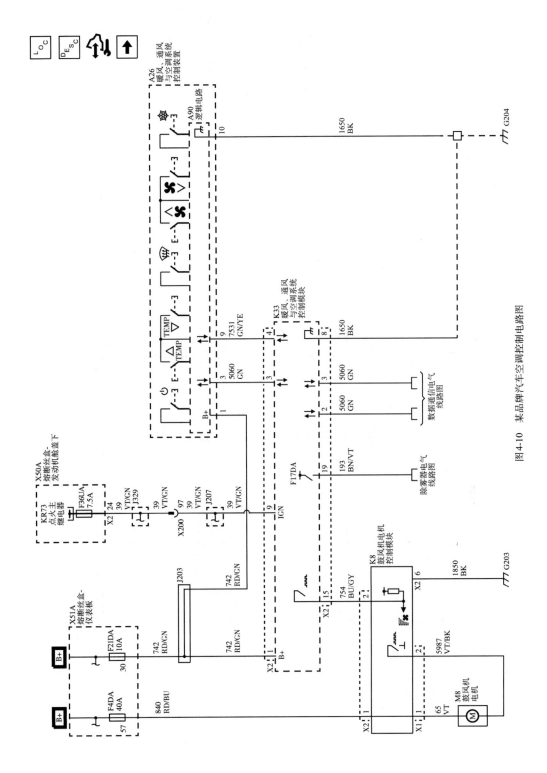

图 4-10 某品牌汽车空调控制电路图

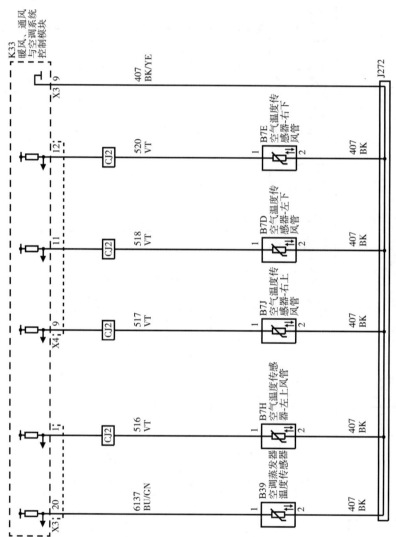

图 4-11 某品牌汽车空调控制电路图

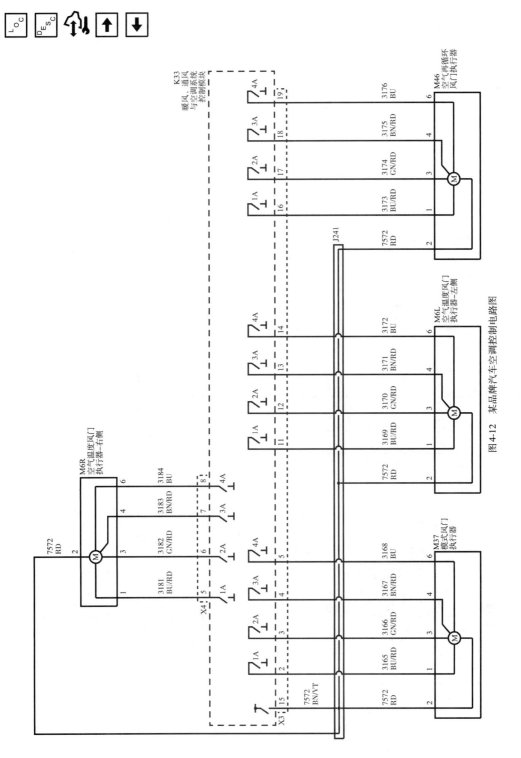

图4-12 某品牌汽车空调控制电路图

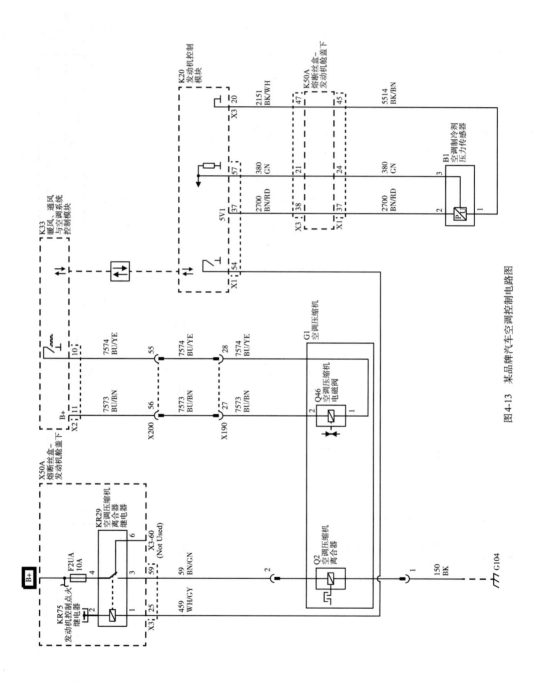

图4-13 某品牌汽车空调控制电路图

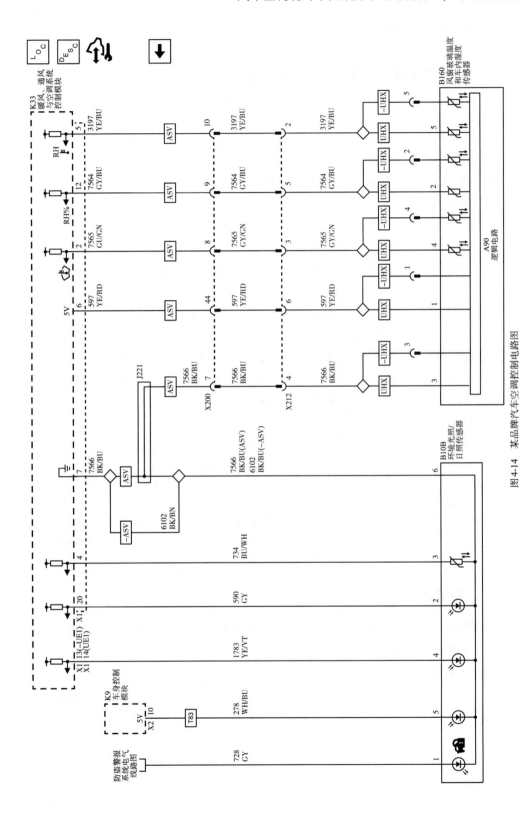

图 4-14 某品牌汽车空调控制电路图

4. 汽车自动空调控制常见故障

汽车自动空调系统故障大概有以下几种：

(1) 电器零件损坏。空调系统中的电器零件，如压力传感器、温度传感器、温控器、压缩机电磁离合器、高低压保护开关、膨胀阀感温包等，如果损坏，会导致空调系统无法正常工作。

(2) 压缩机故障。压缩机是空调系统中的重要组成部分，如果压缩机出现故障，会导致空调系统无法正常工作。

(3) 蒸发器故障。蒸发器是空调系统中的重要组成部分，如果蒸发器出现故障，会导致空调系统无法正常工作。

(4) 散热不良。如果散热器堵塞或散热风扇不工作，会导致空调系统散热不良，进而影响空调系统的正常运行。

(5) 空调控制系统故障。控制系统是空调系统的核心，如果控制系统出现故障，会导致空调系统无法正常工作。

(6) 电路故障。电路是空调系统的控制核心，如果电路出现故障，会导致空调系统无法正常工作。汽车自动空调控制电路常见故障现象有：空调风速比较低或无风、车内空气流通不畅及温度不均衡、车内温度与设置温度不一致、车内制冷效果较差等。表格 4-6 中列出了自动汽车空调控制电路常见故障及可能的故障原因。

汽车自动空调控制电路及常见故障　　　　　　　　　　　　　表 4-6

故障现象		列举可能的故障原因
汽车自动空调控制电路常见故障	空调风速比较低或无；风车内空气流通不畅及温度不均衡；车内温度与设置温度不一致；车内制冷效果较差	乘客舱温度传感器电路对搭铁短路/电压过高/开路；风管空气温度传感器电路对搭铁短路/电压过高/开路；空调蒸发器温度传感器电路对搭铁短路/电压过高/开路；电压过高/过低/开路；内循环位置指令电路对蓄电池短路；再循环位置指令电路电压过低/开路；空气流量控制电路对蓄电池短路/电压过低/开路；HVAC 执行器电源电压对搭铁短路；主温度控制电路对蓄电池短路；主温度控制电路电压过低/开路等；空调压缩机离合器继电器控制电路电压过低/高

(二) 制订工作方案

根据情景描述的故障现象，查阅维修手册等资料，制订一份尽可能详细的汽车空调制冷不良的故障诊断与排除的解决方案。

1. 任务分工 (表 4-7)

学生任务分配表　　　　　　　　　　　　　表 4-7

班级		组号		指导老师	
组长		任务分工			
组员 1		任务分工			
组员 2		任务分工			

续上表

组员3		任务分工	
组员4		任务分工	
组员5		任务分工	
组员6		任务分工	

2. 工量具、仪器设备与耗材准备

(1)使用的工量具有：_____。

(2)使用的仪器设备有：_____。

(3)使用的耗材有：_____。

3. 具体方案描述

_____
_____
_____
_____

三、计划实施

(一)安全注意事项及技能要点

1. 安全注意事项

(1)作业之前戴好工作手套和安全帽。

(2)安装汽车故障诊断仪之前,需将点火开关处于关闭状态。

(3)涉及插拔控制模块插头操作时应先断开蓄电池负极电缆。

(4)断开蓄电池时先断开负极,再断开正极,安装时顺序相反。

(5)万用表使用前先用欧姆挡进行校准。

(6)测量搭铁线及导线端对端电阻时,应注意需要断开蓄电池负极后操作。

(7)断开模块插接器时应注意操作规范。

(8)如需检查空调系统压力,佩戴护目镜。

2. 技能要点

(1)操作前做好个人防护,注意操作中的安全防护。

(2)操作前做好车辆防护。

(3)正确校准万用表,正确选用万用挡位及表笔连接。

(4)规范使用诊断仪读取故障码、数据流,正确使用诊断仪进行执行器动作测试。

(5)规范使用试灯,跨接检测线路中的电源与搭铁情况。

(6)规范测量导线电阻。

(7)正确识读电路图,识别电路符号。

(8)会分析使用维修手册。

(9)能根据故障码,查阅维修手册相关诊断流程。

(10)会正确检测继电器,判断继电器可用性。

(11)能正确使用数字万用表、试灯笔、汽车故障诊断仪、风速计、温度计、密度计、空调制冷剂回收加注机等设备。

(12)依据汽车维修操作要求,熟练规范地完成自动空调故障诊断与排除。

(二)汽车自动空调制冷不良故障诊断与排除

查阅维修手册,以当前主流车型汽车自动空调系统控制的为例,完成汽车自动空调制冷不良故障诊断与排除过程记录。

自动空调控制模块的诊断主要采用诊断仪读取相关故障码及数据流,来对各传感器,执行器,线束进行检测。

1. 汽车自动空调制冷不良基本检查及故障现象确认

汽车自动空调制冷不良基本检查及故障现象确认操作方法及说明见表4-8。

汽车自动空调制冷不良基本检查及故障现象确认操作方法及说明 表4-8

步骤	操作方法及说明	质量标准及记录
1. 车辆安全防护	(1)安装车内防护三件套。 (2)安装车外防护三件套。 (3)安装车轮挡块。 (4)插入尾气排放管。 (5)准备车辆维修所需工具、设备	☐完成 ☐未完成 ☐完成 ☐未完成 ☐完成 ☐未完成 ☐完成 ☐未完成 ☐完成 ☐未完成 准备车辆维修所需工具、设备具体有: _____ _____ _____
2. 维修车辆信息登记	(1)记录车辆车牌号码。 (2)记录车辆VIN码。	☐完成 ☐未完成 车辆号牌记录: _____ ☐完成 ☐未完成 车辆VIN码记录: _____

续上表

步骤	操作方法及说明	质量标准及记录
2. 维修车辆信息登记	(3)记录车辆行驶里程。	□完成 □未完成 车辆行驶里程记录： _____
	(4)记录维修车辆燃油液位。	□完成 □未完成 车辆燃油液位记录： _____
	(5)记录检查驻车制动器和挡位	□完成 □未完成 车辆挡位记录： _____
3. 环车基本检查	(1)车辆外观基本检查。	□完成 □未完成 外观异常记录： _____
	(2)发动机舱基本检查	□完成 □未完成 发动机舱异常记录： _____
4. 空调制冷系统功能检查	(1)开启 A/C 开关。 (2)启动自动 AUTO 模式。 (3)设定空调最低温度，运行5min。 (4)测量空调出风口风速： ①正确选取风速计； ②正确测量； ③记录出风口风速； ④判断风速是否正常。 (标准:7~10.5m/s)	完成□ 未完成□ 完成□ 未完成□ 完成□ 未完成□ 完成□ 未完成□ 完成□ 未完成□ 完成□ 未完成□ 出风口风速记录： _____ 完成□ 未完成□ 异常情况记录： _____ _____

续上表

步骤	操作方法及说明	质量标准及记录
4. 空调制冷系统功能检查	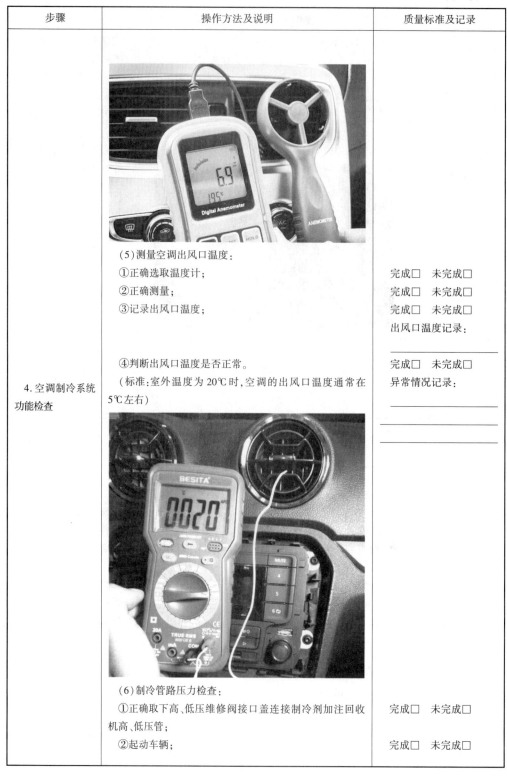 (5)测量空调出风口温度： ①正确选取温度计； ②正确测量； ③记录出风口温度； ④判断出风口温度是否正常。 (标准：室外温度为 20℃ 时，空调的出风口温度通常在 5℃ 左右) (6)制冷管路压力检查： ①正确取下高、低压维修阀接口盖连接制冷剂加注回收机高、低压管； ②起动车辆；	完成□ 未完成□ 完成□ 未完成□ 完成□ 未完成□ 出风口温度记录： _____ 完成□ 未完成□ 异常情况记录： _____ 完成□ 未完成□ 完成□ 未完成□

续上表

步骤	操作方法及说明	质量标准及记录
4. 空调制冷系统功能检查	③记录管路高压侧压力； (标准:高压侧压力在 1.5~2.5MPa 之间) ④记录管路低压侧压力。 (标准:低压侧压力在 0.5~1.0MPa 之间) (7)制冷剂密度检查: ①正确连接制冷剂密度计； ②记录密度值。 (标准:制冷剂的密度在标准大气压 101.325kPa 下约为 1g/mL,在常温(25℃)下,制冷剂的压力约为 1.5~2.5kPa) (8)制冷系统管路接头检查: ①检查高压维修阀；	完成□ 未完成□ 高压侧压力记录: _____ 异常情况记录: _____ _____ _____ 完成□ 未完成□ 低压侧压力记录: _____ 异常情况记录: _____ _____ _____ 完成□ 未完成□ 完成□ 未完成□ 密度值记录: _____ 异常情况记录: _____ _____ _____ 完成□ 未完成□ 异常情况记录: _____ _____ _____

续上表

步骤	操作方法及说明	质量标准及记录
4. 空调制冷系统功能检查	②检查高压管路接头； ③检查低压维修阀； ④检查低压管路接头； ⑤检查冷凝器管路接头； ⑥检查压缩机管路接头；	完成□ 未完成□ 异常情况记录： _____ _____ _____ 完成□ 未完成□ 异常情况记录： _____ _____ _____ 完成□ 未完成□ 异常情况记录： _____ _____ _____ 完成□ 未完成□ 异常情况记录： _____ _____ _____ 完成□ 未完成□ 异常情况记录： _____ _____ _____

续上表

步骤	操作方法及说明	质量标准及记录
4.空调制冷系统功能检查	⑦检查低压维修阀。	完成□ 未完成□ 异常情况记录： _____ _____ _____
	(9)冷凝器检查。	完成□ 未完成□ 异常情况记录： _____ _____ _____
	(10)检查风扇。 (11)检查压缩机检查。	完成□ 未完成□ 异常情况记录： _____ _____ _____ 完成□ 未完成□ 异常情况记录： _____ _____ _____

续上表

步骤	操作方法及说明	质量标准及记录
4.空调制冷系统功能检查	(12)检查空调系统管道。 	完成□ 未完成□ 异常情况记录： _____ _____ _____
	(13)检查空调压力开关： ①检查压力开关的通断性能；	完成□ 未完成□ 异常情况记录： _____ _____ _____
	②检查压力开关与其他部件的连接是否牢。	完成□ 未完成□ 异常情况记录： _____ _____ _____
	(14)检查蒸发器	完成□ 未完成□ 异常情况记录： _____ _____ _____
5.车辆故障码及数据流读取记录	(1)记录空调相关故障码。	□完成 □未完成 故障码记录： _____ _____ _____

续上表

步骤	操作方法及说明	质量标准及记录
5.车辆故障码及数据流读取记录	(2)记录空调相关数据流	□完成 □未完成 数据流记录: _____ _____ _____ _____

2.汽车自动空调制冷不良故障诊断

汽车自动空调制冷不良故障诊断操作方法及说明见表4-9。

表4-9 汽车自动空调制冷不良故障诊断操作方法及说明

步骤	操作方法及说明	质量标准及记录
1.诊断仪检测	(1)连接诊断仪,打开点火开关。 (2)打开空调开关,调高风速。 (3)使用故障诊断仪指令所有指示测试空调打开和关闭时的状态,确认空调出风口风速,并记录。 (4)读取车辆故障码及数据流读取	□正确使用诊断仪 □完成 □未完成 测试结果判定: □正常 □异常 空调出风口风速测试记录: _____ _____ 测试结果判定: □正常 □异常 故障码记录: _____ _____ _____
2.乘客舱温度传感器及日照传感器电路检测	(1)关闭点火开关,断开K33暖风、通风与空调系统(HVAC)控制模块的线束连接器X1和X2,参考电路图4-14。	□完成 □未完成 □正确识读电路图

续上表

步骤	操作方法及说明	质量标准及记录
2.乘客舱温度传感器及日照传感器电路检测	(2)测试信号电路端子3和搭铁之间的电阻应为无穷大。 (3)测试信号电路端子3和搭铁之间的电阻应为4.8~5.2Ω。 (4)在信号电路端子3和低电平参考电压电路端子6之间安装一条装有3A熔断丝的跨接线。 (5)确认故障诊断"Passenger Compartment Air Temperature(Unfiltered)(乘客舱空气温度)(未过滤)"参数高于78°C(172°F)。 (6)关闭点火开关,断开K33暖风、通风与空调系统(HVAC)控制模块的线束连接器X1和X2,再打开点火开关。 (7)测试信号电路和搭铁之间的电压应小于1V。 (8)关闭点火开关,测试信号电路的端到端电阻应小于2Ω	□正确使用万用表 测试结果判定: □正常　□异常 异常情况记录: _____ _____ 测试结果判定: □正常　□异常 异常情况记录: _____ _____ □完成　□未完成 □完成　□未完成 □完成　□未完成 测试结果判定: □正常　□异常 异常情况记录: _____ _____ 测试结果判定: □正常　□异常 异常情况记录: _____ _____ 判断故障原因: _____ _____
3.上风管空气温度传感器电路检测	(1)关闭点火开关,断开相应温度传感器的线束连接器,参考电路图4-12。	□完成　□未完成 □正确识读电路图

续上表

步骤	操作方法及说明	质量标准及记录
3.上风管空气温度传感器电路检测	线束连接器 (2)测试低电平参考电压电路端子B和搭铁之间的电阻应小于50Ω。	□正确使用万用表 测试结果判定： □正常　□异常 异常情况记录： _____ _____
	(3)打开点火开关,确认相应的故障诊断仪温度传感器参数低于-37℃(-35°F)。 (4)关闭点火开关,测试信号电路端子A和搭铁之间的电阻应为无穷大。	□完成　□未完成 测试结果判定： □正常　□异常 异常情况记录： _____ _____
	(5)在信号电路端子A和低电平参考电压电路端子B之间安装一条带3A熔断丝的跨接线,确认故障诊断仪上的温度传感器参数高于77℃(170F)。	□完成　□未完成 确认结果判定： □正常　□异常 异常情况记录： _____ _____
	(6)拆下跨接线,断开K33 HVAC控制模块的线束连接器,打开点火开关。 (7)测试信号电路和搭铁之间的电压应小于1V。	□完成　□未完成 测试结果判定： □正常　□异常 异常情况记录： _____ _____

续上表

步骤	操作方法及说明	质量标准及记录
3. 上风管空气温度传感器电路检测	(8)关闭点火开关,测试信号电路端对端电阻应小于2Ω。	测试结果判定: □正常 □异常 异常情况记录: _____ _____ 判断故障原因: _____ _____
4. 空气流量控制及温度控制电路检测	(1)关闭点火开关,断开K33 HVAC控制模块的线束连接器。 (2)测试12V控制电路端对端电阻应小于2Ω,参考电路图4-12。	□完成 □未完成 □正确识读电路图 □正确使用万用表 测试结果判定: □正常 □异常 异常情况记录: _____ _____
	(3)打开点火开关,用试灯测量各控制电路情况,测试灯应点亮。	测试结果判定: □正常 □异常 异常情况记录: _____ _____
	(4)关闭点火开关,拆下测试灯,断开K33 HVAC控制模块的线束连接器。 (5)测试控制电路和搭铁之间的电阻应为无穷大	□完成 □未完成 测试结果判定: □正常 □异常 异常情况记录: _____ _____ 判断故障原因: _____ _____

续上表

步骤	操作方法及说明	质量标准及记录
5.空调压缩机电磁阀控制电路检测	(1)关闭点火开关,断开 Q46"空调压缩机电磁阀"的线束连接器,参考电路图 4-14。 (2)打开点火开关,确认 B+电路端子 2 和搭铁之间的测试灯点亮。 (3)关闭点火开关,拆下测试灯,断开 K33 暖风、通风与空调系统控制模块的线束连接器。 (4)测试 Q46 空调压缩机电磁阀 B+电路端子 2 和搭铁之间的电阻应为无穷大。 (5)测试 B+电路端对端的电阻应小于 2Ω。 (6)在控制电路端子 1 和 B+电路端子 2 之间连接一个测试灯,打开点火开关,当用故障诊断仪指令 Q46 空调压缩机制冷剂电磁阀接通和断开时,确认测试灯点亮和熄灭。	□完成　□未完成 □正确识读电路图 □正确使用万用表 □完成　□未完成 测试结果判定: □正常　□异常 异常情况记录: _____ _____ □完成　□未完成 测试结果判定: □正常　□异常 异常情况记录: _____ _____ 测试结果判定: □正常　□异常 异常情况记录: _____ _____ □完成　□未完成 测试结果判定: □正常　□异常 异常情况记录: _____ _____

续上表

步骤	操作方法及说明	质量标准及记录
5. 空调压缩机电磁阀控制电路检测	(7)关闭点火开关,拆下测试灯,测试 Q46 空调压缩机制冷剂电磁阀控制电路端子 1 和搭铁之间的电压应低于 1V。	□完成　□未完成 测试结果判定: □正常　□异常 异常情况记录: _____ _____
	(8)测试控制电路端对端电阻是否小于 2Ω。	测试结果判定: □正常　□异常 异常情况记录: _____ _____
	(9)断开 Q46"空调压缩机电磁阀"的线束连接器。 (10)测试 B+端子 2 和控制端子 1 之间的电阻应为 5~7Ω。	□完成　□未完成 测试结果判定: □正常　□异常 异常情况记录: _____ _____
	(11)测试各端子和 Q46"空调压缩机电磁阀"壳体/箱之间的电阻应为无穷大	测试结果判定: □正常　□异常 异常情况记录: _____ _____ 判断故障原因: 空调压缩机阀控制电路 _____、_____、 _____、_____

四、评价反馈(表 4-10)

评价表　　　　　　　　　　　　　　　　　表 4-10

评分项目	评分标准	分值(分)	得分(分)
学习目标	能明确本任务的知识、技能、素养目标,理解任务在工作中的重要程度	5	

续上表

评分项目	评分标准	分值(分)	得分(分)
工作任务分析	能清晰描述完成本次工作任务内容	2	
	能清晰描述完成本次工作任务需必备的技能与知识点	2	
有效信息获取	能描述自动汽车空调控制电路常见故障及原因	5	
	能准确讲述传感器的类型及作用,并在维修手册查找部件所在位置	5	
	能根据故障现象及原因进行相应零部件的检修	5	
实施方案制订	能清晰地制订并填写本次故障诊断与排除的准备作业计划	8	
	能组织或协同工作小组成员,明确本次任务所需仪器设备、工具、材料的准备与清点,并准备记录	5	
	能组织或协同工作小组成员交流,优化检查方案并记录	5	
任务实施	能根据车辆描述故障现象	5	
	能使用诊断仪查阅故障码及相关数据	5	
	通过查阅维修手册,结合分析结果,制订完善的检修方案	10	
	乘客舱温度传感器及日照传感器电路检测	5	
	上风管空气温度传感器电路检测	5	
	空气流量控制及温度控制电路检测	5	
	空调压缩机电磁阀控制电路检测	5	
任务评价	能过本次任务实施,结合自己在实训过程中的表现,进行自我评价及自我反思并记录	5	
职业素养	遵守职业道德规范,诚实守信,尊重客户	2	
	具备良好的沟通能力和团队协作能力	2	
	遵守安全操作规程,具备安全意识	2	
	具备一丝不苟、精益求精的工匠精神	2	
思政要求	具备绿色环保、节能降碳的环保意识	1	
	具备严谨理性的工作作风,尊重事实和证据	1	
	有实证意识和严谨的求知态度	1	
	有精益求精的质量管控意识	1	
	具备热爱劳动、敬业奉献的劳动精神	1	
总计		100	

改进建议:

教师签字:
日期:

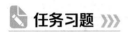 汽车电气与空调故障诊断与排除

任务习题

一、单选题

1. 冷凝器是汽车空调中的散热装置,将压缩机压缩过程中(　　)产生的热量散发到车外空间,使压缩机排出的高温高压气体变成中温高压液体。
 A. 防冻液　　　B. 发动机机油　　C. 制冷剂　　　D. 制动液

2. 在空调制冷装置中,冷凝器与蒸发器之间连接的部件是(　　)。
 A. 空调压缩机　　　　　　　　B. 电动冷却风扇
 C. 节温器　　　　　　　　　　D. 膨胀阀

3. 汽车的压缩过程空工作原理:压缩机将蒸发器出口的低温低压制冷剂气体吸入,压缩成高温高压气体排放到(　　)。
 A. 压缩机　　　B. 冷凝器　　　C. 膨胀阀　　　D. 控制面板

4. 高温高压的过热制冷剂气体进入冷凝器,制冷剂气体由于压力和温度的下降而冷凝成(　　),大范围的热量排出。
 A. 固体　　　　B. 液体　　　　C. 气体　　　　D. 粉末

5. 雾状的制冷剂液体进入蒸发器,所以制冷剂的沸点远低于蒸发器内的温度,所以制冷剂液体蒸发成(　　)。
 A. 固体　　　　B. 液体　　　　C. 气体　　　　D. 粉末

6. 汽车 A/C 工作时,每个制冷循环包括压缩、冷凝、膨胀、(　　)四个工作过程。
 A. 蒸发　　　　B. 做功　　　　C. 进气　　　　D. 排气

7. 制冷系统高压侧工作压力偏低、而低压侧偏高可能的原因是(　　)。
 A. 制冷剂过多　B. 压缩机不良　C. 散热不良　　D. 制冷剂过少

8. 空调制冷系统中压缩机的作用是(　　)。
 A. 控制制冷剂流量　　　　　　B. 完成压缩过程
 C. 将制冷剂携带的热量散发至大气中　D. 控制蒸发

9. 在环境温度为32℃、怠速工况的条件下,一个正常运行的 R134a 制冷系统,其低压侧压力值在207~214kPa;高压侧压力值在1407~1448kPa。那么当检测到的低压侧压力为83kPa、高压侧压力为1434kPa,有可能是什么原因导致的?(　　)
 A. 系统中残留有空气
 B. 系统中残留有水气
 C. 节流装置堵塞或温度调节功能不正确
 D. B 和 C 两种情况都有可能

10. 汽车空调系统中,冷凝器散热风扇调速是由(　　)。
 A. 高压侧压力　B. 高压侧温度　C. 低压侧压力　D. 低压侧温度

11. 制冷系统中,由压缩机排气,到冷凝器入口这一段管路,温度可达(　　)。
 A. 40~50℃　　B. 70~80℃　　C. 5~10℃　　　D. 0~3℃

12. 现在汽车空调系统采用的制冷剂是(　　)。
    A. R12　　　　B. R22　　　　C. R134a　　　　D. R21

13. 汽车空调系统中的动力设备是(　　)。
    A. 冷凝器　　　B. 蒸发器　　　C. 压缩机　　　　D. 节流器

14. 汽车空调制冷循环四个工作过程的顺序是(　　)。
    A. 压缩、冷凝、膨胀、蒸发　　　B. 压缩、膨胀、蒸发、冷凝
    C. 蒸发、冷凝、压缩、膨胀　　　D. 蒸发、压缩、膨胀、冷凝

15. 在(　　)状况时,自动空调电脑则切断压缩机电磁离合器的电流。
    A. 车外温度＝设定温度值　　　B. 车外温度≤设定温度值
    C. 车内温度≤设定温度值　　　D. 车内温度≥设定温度值

16. 使用电子检漏仪进行检漏时,其探头不得直接接触元器件或接头,并应置于检测部位的(　　)。
    A. 上部　　　　B. 侧部　　　　C. 中部　　　　D. 下部

17. 将歧管压力表组件和软管接到高、低压检修阀上,通常当系统中制冷剂压力(　　)时,低压开关就应接通;否则为性能不良,应予更换。
    A. 低于0.21MPa　　　　B. 高于0.21MPa
    C. 低于2.1～2.5MPa　　D. 高于2.1～2.5MPa

18. 以下哪个部件不是空调制冷装置的部件(　　)。
    A. 空调压缩机　B. 冷凝器　　　C. 散热器　　　D. 蒸发器

19. (　　)型继电器一般用于电磁离合器控制、冷凝器风扇控制、怠速提升装置控制等。
    A. 常开　　　　B. 常闭　　　　C. 常开和常闭　　D. 常开或常闭

20. 用歧管压力表对空调系统进行抽真空时,应将高低压侧都打开;检测系统压力时,高低压力侧的阀门应分别是(　　)。
    A. 关闭、打开　B. 打开、打开　C. 打开、关闭　　D. 关闭、关闭

二、判断题

1. 空调系统能控制车厢内的气温,既能加热空气,也能冷却空气,以便把车厢内温度控制到舒适的水平。　　　　　　　　　　　　　　　　　　　　　　　(　　)

2. 手动空调系统由空调面板、蒸发器、冷却风扇、冷凝器、空调管路、压缩机、膨胀阀、储液罐、鼓风机等组成。　　　　　　　　　　　　　　　　　　　(　　)

3. 手动空调面板温度按键一般显示为一个"温度计",或者是两侧有红蓝颜色标记,通过转动旋钮,红色区域为逐渐降低温度;而蓝色刚好相反,逐渐升高温度。
　　　　　　　　　　　　　　　　　　　　　　　　　　　　　　　　　(　　)

4. 汽车空调压缩机是汽车空调制冷系统的心脏,起着压缩和输送制冷剂蒸汽的作用。　　　　　　　　　　　　　　　　　　　　　　　　　　　　　　(　　)

5. 装有空调的汽车上,在靠近风窗玻璃的仪表板上装有暖气通风管,利用风扇向

风窗玻璃吹暖风,可以有效地防止结霜。   （ ）
　　6. 自动空调控制系统,俗称恒温空调系统。   （ ）
　　7. 汽车空调冷冻机油不容易吸收潮气,故在保存中和使用后无须在将瓶盖密封。
                                                    （ ）
　　8. 冷凝器不是热交换器,它的作用只是将气态制冷剂变成液体制冷剂。（ ）
　　9. 在汽车空调的制冷循环过程中,制冷剂经过蒸发器然后到达膨胀阀。（ ）
　　10. 压缩机吸收的是高温低压的制冷剂蒸汽。   （ ）
　　11. 膨胀阀和节流管都是汽车空调系统的节流装置,膨胀阀装在系统的高压侧,节流管装在低压侧。   （ ）
　　12. 触点常闭型高压开关控制的是压缩机电磁离合器电路。（ ）
　　13. 空调系统加注制冷剂即可以从系统的高压端加注也可以从低压端加注。
                                                    （ ）
　　14. 经过蒸发器的风量不够,不但会使制冷效果差,还会引起蒸发器结霜。（ ）
　　三、实操题
　　1. 就本车完成空调制冷剂温度传感器检查更换。

　　2. 就本车完成上风管空气温度传感器检查更换。

参 考 文 献

[1] 卫云贵.汽车电气简单故障检修[M].北京:中国劳动社会保障出版社,2022.
[2] 程立群.汽车电气系统维修[M].北京:机械工业出版社,2022.
[3] 上汽通用汽车有限公司.汽车发动机控制系统及检修[M].北京:高等教育出版社,2016.
[4] 张军.汽车舒适与安全系统检修[M].北京:机械工业出版社,2016.
[5] 程丽群.汽车车身电气系统检修[M].北京:国防工业出版社,2015.
[6] 王勇.汽车车身电子控制系统检修一体化项目教程[M].上海:上海交通大学出版社,2012.
[7] 陈虎.汽车空调系统构造原理与拆装维修[M].北京:化学工业出版社,2019.
[8] 王志远.汽车空调系统检修[M].北京:人民交通出版社股份有限公司,2020.
[9] 瑞佩尔.汽车防盗系统维修从入门到精通[M].北京:化学工业出版社,2023.
[10] 曹晶,汪正河.汽车防盗原理与编程技术[M].北京:化学工业出版社,2019.